ARGENTINA

el libro de nuestra tierra

Grulla

390 PAT
Patricio M. Heredia
Argentina: el libro de nuestra tierra. - 1ª. ed. - Buenos Aires: Grupo Editor de la Grulla, 2002.
128 p.; 20x14 cm.

ISBN 987-520-195-2

I. Título - 1. Costumbres -Argentinas

Primera edición: 2.000 ejemplares, diciembre de 2002

I.S.B.N.: 987-520-195-2

Se ha hecho el depósito que establece la Ley 11.723

Bartolomé Mitre 3745 - Ciudad Autónoma de Buenos Aires - República Argentina
IMPRESO EN ARGENTINA - PRINTED IN ARGENTINA

Nuestra tierra

...y el origen de su nombre

N.º 380

ARGENTINA
Y CONQVISTA DEL RIO
DE LA PLATA, CON OTROS ACAE-
cimientos de los Reynos del Peru, Tucuman, y esta-
do del Brasil, por el Arcediano don Martin del
Barco Centenera.

*Dirigida a don Cristoval de Mora, Marques de Castel Ro-
drigo, Virrey, Gouernador, y Capitan general de Portu-
gal, por el Rey Philipo III. nuestro Señor.*

Con licencia, En Lisboa, Por Pedro Crasbeeck. 1602.

Habiendo considerado y revuelto muchas veces en mi memoria el gran gusto que recibe el humano entendimiento con la lectura de diversos acaecimientos de cosas, que aún por su variedad es la naturaleza bella; y que aquellas amplísimas provincias del Río de la Plata estaban casi puestas en olvido, y memoria sin razón oscurecida; procuré poner en escrito algo de lo que supe, entendí y vi en ellas en veinticuatro años que en aquel nuevo orbe peregrino: lo primero, por no parecer al malo e inútil siervo, que escondió el talento recibido de su Señor; lo segundo, porque el mundo tenga noticia y verdadera relación del Río de la Plata, cuyas provincias son tan grandes, gentes tan belicosísimas, animales y fieras tan bravas, a veces tan diferentes, víboras y serpientes que han tenido con hombre conflicto y pelea, peces de humana forma, y cosas tan exquisitas que dejan en éxtasis los ánimos de los que con alguna intención las consideran. He escrito en verbo, aunque poco pulido y menos limado, este tratado y libro (a quien titulo y nombro Argentina, tomando el nombre del sujeto principal que es el Río de la Plata)...

El Arcediano don Martín del Barco Centenera

Este poema, del que acabamos de transcribir un fragmento, es la referencia más precisa que se tiene del origen de nuestro país. ¿Y qué sabemos de su autor? Don Martín del Barco Centenera nació en Logrosán, España, en 1535 y viajó a América, en calidad de capellán, en 1562, como parte de la tripulación comandada por Juan Ortiz de Zárate, en la expedición al Río de la Plata.

Por sus méritos fue nombrado Arcediano de la Iglesia de Paraguay. Años después sería nombrado comisario del Santo Oficio de Cochabamba. Sin embargo, distintas acusaciones asociadas al abuso de poder, le valieron el descrédito.

Finalmente regresó a Europa en 1596 y publicó en Lisboa su obra *Argentina y conquista del Río de La Plata, con otros acaecimientos de los reinos del Perú, Tucumán y estado del Brasil*, en 1602. Ese mismo año falleció. Hay referencias de otra composición de la cual sólo se conoce el título: *El desengaño del mundo.*

Argentina y conquista del Río de la Plata... es considerado un poema épico. Escrito en verso (en octavas reales) responde a una clara intencionalidad didáctica que combina la narración de sucesos extraordinarios con sentencias y disertaciones de carácter moral.

Se rescata además en aspectos puntuales vinculados a la expedición su importancia como documento histórico.

Y algo más...

Desde el 8 de octubre de 1860, con la reforma de la Constitución en la ciudad de Paraná, el presidente Derqui decretó que "siendo conveniente a este respecto establecer la uniformidad en los actos administrativos, el Gobierno ha venido a acordar que para todos estos actos se use la denominación República Argentina".

Siendo "argentina" un adjetivo, la presencia del artículo femenino singular (la) es ineludible cuando se omite la palabra "república".

Tal vez le haya llamado la atención, caro lector, que a pesar de ello hayamos insistido en este error frecuente al definir el título de este libro. Sin embargo, hemos elegido este apelativo familiar como motivo para indagar en el verdadero nombre.

Nuestra tierra

...y los símbolos patrios

La escarapela

Es la escarapela el primero de los símbolos patrios, y anterior a la bandera, como pocos suponen.

No puede establecerse con precisión su origen. Algunos historiadores afirman que los colores celeste y blanco representaban a los patriotas que tomaron armas frente a las invasiones inglesas y luego fueron adoptados por toda la población. También se señala que provenían de los colores borbónicos, de la casa de Fernando VII (rey ausente de España).[1]

Otros toman como referencia una visita que hicieran las damas de Buenos Aires el 19 de mayo de 1810 al Coronel Cornelio de Saavedra, jefe del regimiento de Patricios, ocasión para la cual habrían lucido este emblema.

También se sugiere que su uso se generalizó a partir de la Revolución de Mayo y que se utilizó como distintivo de los opositores a la mayoría de la Junta el 23 de marzo de 1811.

Pero fue recién el 13 de febrero de 1812 cuando Manuel Belgrano solicitó al Triunvirato que se legalizara su uso, y el de la bandera.

Días después, se le notificaba que... "el gobierno ha resuelto que se reconozca y se use por las tropas la Escarapela Nacional de las Provincias Unidas del Río de la Plata, que deberá componerse de dos colores, blanco y azul celeste, quedando abolida desde esta fecha la roja que antiguamente se distinguía".

A fines de ese mismo mes, el Triunvirato ordenó a Belgra-

[1] Otras hipótesis al respecto las encontrarán en el apartado dedicado a la bandera nacional.

no hacerse cargo del Ejército del Norte, desmoralizado después de la derrota de Huaqui. El general emprendió la marcha al norte de inmediato y, por esta razón, no se enteró del rotundo rechazo del gobierno a la nueva bandera.

Finalmente, en 1935 el Consejo Nacional de Educación fijó el 18 de mayo la celebración del Día de la Escarapela (Res. 13-5-1935, Expte. 9602-9º-935).

La bandera

Oración a la bandera

¡Bandera de la Patria, celeste y blanca,
símbolo de la unión y de la fuerza con
que nuestros padres nos dieron
independencia y libertad; guía de la
victoria en la guerra, y del trabajo y la
cultura en la paz; vínculo sagrado e
indisoluble entre las generaciones
pasadas, presentes y futuras; juremos
defenderla hasta morir antes que verla
humillada!

¡Que flote con honor y gloria al frente
de nuestras fortalezas, ejércitos y

buques, y en todo tiempo y lugar de la
Tierra donde éstos la condujeran;
que a su sombra la Nación Argentina
acreciente su grandeza por siglos y
siglos, y sea para todos los hombres
mensajera de libertad, signo de
civilización y garantía de justicia!

Joaquín V. González

Después de la declaración de la Independencia en 1810, las batallas entre patriotas y tropas realistas se sucedían en distintos puntos del territorio del Virreinato. Básicamente, el objetivo era fijar una frontera para el nuevo territorio, poniendo fin a una relación colonialista y frenando el avance de las fuerzas españolas. Se planteó entonces un asunto verdaderamente crucial: ambos bandos llevaban los colores amarillo y rojo. Así pues, para distinguir a las tropas revolucionarias, Belgrano creó la escarapela y días después, con esos mismos colores, la bandera que los representaría.

"...SIENDO PRECISO ENARBOLAR
BANDERA, Y NO TENIÉNDOLA,
LA MANDÉ HACER BLANCA Y CELESTE
CONFORME A LOS COLORES DE LA
ESCARAPELA NACIONAL".

Manuel Belgrano

Sin embargo, a pesar de que la escarapela había sido aceptada prontamente por el Triunvirato, la bandera no tuvo la misma suerte. Cuando el 27 de febrero de 1812 Belgrano recibió la orden de hacerse cargo del Ejército del Norte, la hizo jurar por sus soldados, y allí se dirigió enarbolando el nuevo emblema, descontando el éxito de esta nueva empresa.

Y a partir de aquí se instala el debate entre los historiadores con relación a dos cuestiones:

• La primera: ¿cuál era el orden de los colores? ¿Blanca con una franja central celeste o al revés?

Es muy difícil dar una respuesta contundente al respecto ya que no hay documentos de la época que avalen una u otra postura.

• La segunda: ¿en qué se inspiró Belgrano al elegir los colores de nuestra enseña patria?

Y aquí también las opiniones están divididas. Sin embargo se reconocen dos influencias importantes. Por una parte, de naturaleza religiosa: celeste era el manto y blanca, la túnica de la Virgen María en su Purísima e Inmaculada Concepción.

Otro antecedente es que Juan Martín de Pueyrredón y sus hombres llevaban cintas de ese color durante las invasiones inglesas, y las habían tomado del Santuario de la Virgen de Luján.

Por otra parte, hay quienes sugieren antecedentes no religiosos. Por ejemplo, los colores que distinguían la enseña de una Orden fundada por Carlos III de España, creador del Virreinato del Río de la Plata; los colores que identificaban a los miembros de la Sociedad Patriótica (grupo político y literario de civiles y militares simpatizantes del ideario de Mariano Moreno). A pesar de ser desplazada por la Junta en 1811, la oposición conservó los colores emblemáticos que la distinguían. Y finalmente el Primer Triunvirato ratificó la elección de los colores y su disposición.

La bandera, confeccionada por doña María Catalina Echevarría de Vidal, fue izada por primera vez el 27 de febrero de 1812, en la Villa del Rosario. Belgrano hizo que sus soldados le juraran obediencia a la bandera celeste y blanca, con el escudo en el centro.

PROCLAMA DEL GENERAL MANUEL BELGRANO

SOLDADOS DE LA PATRIA:

EN ESTE PUNTO HEMOS TENIDO LA GLORIA DE VESTIR LA ESCARAPELA NACIONAL QUE HA DESIGNADO NUESTRO EXCELENTÍSIMO GOBIERNO: EN AQUEL, LA BATERÍA DE LA INDEPENDENCIA; NUESTRAS ARMAS AUMENTARÁN LAS SUYAS; JUREMOS VENCER A NUESTROS ENEMIGOS, INTERIORES Y EXTERIORES, Y LA AMÉRICA DEL SUD SERÁ EL TEMPLO DE LA INDEPENDENCIA, DE LA UNIÓN Y DE LA LIBERTAD.

EN FE DE QUE ASÍ LO JURÁIS, DECID CONMIGO... ¡VIVA LA PATRIA!

CONCLUIDO

SEÑOR CAPITÁN Y TROPA DESTINADA POR PRIMERA VEZ A LA BATERÍA DE LA INDEPENDENCIA: ID, POSESIONAOS DE ELLA Y CUMPLID EL JURAMENTO QUE ACABÁIS DE HACER.

El 25 de mayo de 1812, con motivo de celebrarse el segundo aniversario de la Revolución, el canónigo Juan Ignacio Gorriti bendijo en Jujuy la bandera.

MANUEL BELGRANO, GENERAL EN JEFE, AL EJÉRCITO DE SU MANDO:

-SOLDADOS, HIJOS DIGNOS DE LA PATRIA, CAMARADAS MÍOS: DOS AÑOS HA QUE POR PRIMERA VEZ RESONÓ EN ESTAS REGIONES EL ECO DE LA LIBERTAD, Y ÉL CONTINUÓ PROPAGÁNDOSE HASTA POR LAS CAVERNAS MÁS RECÓNDITAS DE LOS ANDES; PUES QUE NO ES OBRA DE LOS HOMBRES, SINO DE DIOS OMNIPOTENTE, QUE PERMITIÓ A LOS AMERICANOS QUE SE PRESENTASE LA OCASIÓN DE ENTRAR AL GOCE DE NUESTROS DERECHOS: EL 25 DE MAYO SERÁ PARA SIEMPRE MEMORABLE EN LOS ANALES DE NUESTRA HISTORIA, Y VOSOTROS TENDRÉIS UN MOTIVO MÁS PARA RECORDARLO, CUANDO EN ÉL, POR PRIMERA VEZ VEIS LA BANDERA NACIONAL EN MIS MANOS, QUE YA OS DISTINGUE DE LAS DEMÁS NACIONES DEL GLOBO, SIN EMBARGO, DE LOS ESFUERZOS QUE HAN HECHO LOS ENEMIGOS DE LA SAGRADA CAUSA QUE DEFENDEMOS PARA ECHARNOS CADENAS AÚN MÁS PESADAS QUE LAS QUE CARGABAIS. PERO ESTA GLORIA DEBEMOS SOSTENERLA DE UN MODO DIGNO, CON LA UNIÓN, LA CONSTANCIA Y EL EXACTO CUMPLIMIENTO DE NUESTRAS OBLIGACIONES HACIA DIOS, HACIA NUESTROS HERMANOS, HACIA NOSOTROS MISMOS; A FIN DE QUE HAYA DE TENER A LA VISTA PARA CONSERVARLA LIBRE DE ENEMIGOS Y EN EL LLENO

DE SU FELICIDAD. MI CORAZÓN REBOSA DE ALEGRÍA AL OBSERVAR EN VUESTROS SEMBLANTES QUE ESTÁIS ADORNADOS DE TAN GENEROSOS Y NOBLES SENTIMIENTOS, Y QUE YO NO SOY MÁS QUE UN JEFE A QUIEN VOSOTROS IMPULSÁIS CON VUESTROS HECHOS, CON VUESTRO ARDOR, CON VUESTRO PATRIOTISMO. SÍ; OS SEGUIRÉ IMITANDO VUESTRAS ACCIONES Y TODO EL ENTUSIASMO DE QUE SÓLO SON CAPACES LOS HOMBRES LIBRES PARA SACAR A SUS HERMANOS DE LA OPRESIÓN.

EA, PUES, SOLDADOS DE LA PATRIA: NO OLVIDÉIS JAMÁS QUE NUESTRA OBRA ES DE DIOS; QUE ÉL NOS HA CONCEDIDO ESTA BANDERA, QUE NOS MANDA LA SOSTENGAMOS, Y QUE NO HAY UNA SOLA COSA QUE NO NOS EMPEÑE A MANTENERLA CON EL HONOR Y DECORO QUE LE CORRESPONDE. NUESTROS PADRES, NUESTROS HERMANOS, NUESTROS HIJOS, Y NUESTROS CONCIUDADANOS, TODOS, TODOS, FIJAN EN VOSOTROS LA VISTA Y DECIDEN QUE A VOSOTROS ES A QUIENES CORRESPONDERÁ TODO SU RECONOCIMIENTO SI CONTINUÁIS EN EL CAMINO DE LA GLORIA QUE OS HABÉIS ABIERTO. JURAD CONMIGO EJECUTARLO ASÍ, Y EN PRUEBA DE ELLO REPETID: ¡VIVA LA PATRIA!

MANUEL BELGRANO

El 23 de agosto de 1812, en la torre del templo de San Nicolás, se izó por primera vez en Buenos Aires.

Y en 1816, el Congreso de Tucumán, atento a la imperiosa necesidad de ratificar este emblema, en reconocimiento de tantos hombres que habían entregado sus vidas por libertar este suelo, decretó la legalidad de su uso como símbolo patrio de la nación.

La presencia del sol –el mismo que aparecía en la primera moneda acuñada por la Asamblea del Año XIII, con treinta y dos rayos– fue aprobada por el Congreso en Buenos Aires, en 1818.

La bandera con el sol se reconoce como "bandera mayor" y es privilegio del ejército y autoridades públicas.

El 8 de junio de 1938, el Congreso sancionó una ley que fija el 20 de junio, fecha de la muerte de Manuel Belgrano, como Día de la Bandera. En conmemoración, es día feriado en todo el territorio.

Y es tradición que nuestros niños, a la edad de diez años, juren lealtad a la bandera nacional, junto con sus compañeros de grado.

Así pues, en acto escolar verdaderamente emotivo para la comunidad toda, se recita la siguiente afirmación:

Alumnos:
la bandera blanca y celeste –Dios sea loado– no ha sido jamás atada al carro triunfal de ningún vencedor de la tierra.

Alumnos:
esa bandera gloriosa representa la patria de los argentinos.
¿Prometéis rendirle vuestro más sincero y respetuoso ho-

menaje; quererla con amor intenso y formarle desde la aurora de la vida un culto fervoroso e imborrable en vuestros corazones; prepararos desde la escuela para practicar a su tiempo con toda pureza y honestidad las nobles virtudes inherentes a la ciudadanía; estudiar con empeño la historia de nuestro país y las de sus grandes benefactores a fin de seguir sus huellas luminosas y a fin también de honrar a la bandera y de que no se amortigüe jamás en vuestras almas el delicado y generoso sentimiento de amor a la Patria?

En una palabra, ¿prometéis hacer todo lo que esté en la medida de vuestras fuerzas para que la bandera argentina flamee por siempre sobre nuestras murallas y fortalezas, a lo alto de los mástiles de nuestras naves y a la cabeza de nuestras legiones y para que el honor sea su aliento; la gloria, su aureola; la justicia, su empresa?

Resuenan entonces, en el salón o a cielo abierto, las voces unánimes de los niños proclamando al unísono "sí, prometo".

DECRETO 10.302 DE ABRIL DE 1944

«QUE LA BANDERA NACIONAL [...] FUE CONSAGRADA CON LOS MISMOS COLORES "CELESTE Y BLANCO" POR EL CONGRESO DE TUCUMÁN, EL 20 DE JUNIO DE 1816 Y RATIFICADA POR EL MISMO CUERPO EN BUENOS AIRES EL 25 DE FEBRERO DE 1818.

QUE LA SANCIÓN DE 1818 CONSIGNA "AZUL" Y AGREGA: "EN EL MODO Y FORMA HASTA AHORA acostumbrado", lo que para el General Mitre, autorizado intérprete en esta cuestión fundamental, significa que quedaba en todo su vigor lo anterior sobre el color "que siendo la regla le sirve de comentario"»

Art 2.

La bandera oficial de la Nación es la bandera con sol, aprobada por el Congreso de Tucumán reunido en Buenos Aires el 25 de febrero de 1818. Se formará según lo resuelto por el mismo congreso el 26 de julio de 1816, con los colores "celeste y blanco" con que el General Belgrano creó, el 27 de febrero de 1812, la primera enseña patria. Los colores estarán distribuidos en tres franjas horizontales, de igual tamaño, dos de ellas celestes y una blanca en el medio. Se reproducirá en el centro de la faja blanca, de la bandera oficial, el sol figurado de la moneda de oro de ocho escudos y de la de plata de ocho reales que se encuentra grabado en la primera moneda argentina, por la ley de la Soberana Asamblea General Constituyente del 13 de abril de 1813, con los treinta y dos rayos flamígeros y rectos colocados alternativamente y en la misma posición que se observa en esas monedas. El color del sol será amarillo del oro.

ART 3.

TIENEN DERECHO A USAR LA BANDERA OFICIAL EL GOBIERNO FEDERAL, LOS GOBIERNOS DE PROVINCIAS Y GOBERNACIONES. LOS PARTICULARES USARÁN SOLAMENTE LOS COLORES NACIONALES EN FORMA DE BANDERA, SIN SOL, DE ESCARAPELA O DE ESTANDARTE, DEBIÉNDOSELES RENDIR SIEMPRE EL CONDIGNO RESPETO.

El escudo nacional

La necesidad de crear un sello que diera autoridad a los documentos y expresara la identidad de la nueva nación fue resuelta recién por la Asamblea de 1813.

Es por ello que puede cotejarse el empleo de los símbolos reales en la documentación oficial posterior a 1810.

Respecto del diseñador, nada se sabe. Pero sí se ha rescatado el nombre de quien tenía a su cargo la fabricación y redacción de los sellos desde los tiempos coloniales: don Juan de Dios Rivera. Y los primeros documentos que se conservan con este nuevo emblema datan del 22 de febrero de 1813.

Y sin ninguna ley o decreto que lo avalase como símbolo patrio, se impuso por el uso. Recién el 13 de marzo de 1813 aparece en el texto de la sesión de la Asmablea:

"Hecha una moción en este día por uno de los ciudadanos representantes para que se designe al Supremo Poder Ejecutivo el sello que debe usar en sus diplomas y contestaciones oficiales, se acordó por unanimidad de votos lo siguiente:

La Asamblea General Constituyente ordena que el Supremo Poder Ejecutivo use el mismo sello de este Cuerpo Soberano, con la sola diferencia de que la inscripción del Círculo sea la de "Supremo Poder Ejecutivo de las Provincias Unidas del Río de la Plata".

TOMAS VALLE - Presidente
HIPÓLITO VIEYTES - Diputado Secretario

Como decíamos anteriormente, poco se sabe del dibujo más allá de representar fielmente los ideales de gloria, unión y libertad.

Con el correr de los meses, años y siglos el sol fue unos de los más afectados: se quiso suprimirlo; se le dio una fisonomía angélica; se intentó modificar el número de rayos. Otras propuestas fueron: aumentar la cantidad de banderas; agregar trofeos; cambiar las proporciones de la elipsis; modificar el gorro frigio, etc. El diseño definitivo, tras varios intentos, quedó establecido a partir del Decreto N° 10.302, dictado en Acuerdo General de Ministros, del 24 de abril de 1944.

Respecto de su carácter simbólico, es conveniente analizar cada elemento en particular:

• Las manos que se estrechan representan la unión de los pueblos de las Provincias Unidas del Río de la Plata.

• El gorro de gules o frigio es un antiguo símbolo de libertad.

• La pica expresa la decisión de proteger la libertad, aun tomando armas.

• El sol naciente anuncia al mundo la nueva Nación.

• Los laureles, símbolos clásicos de gloria y triunfo.

• La cinta en forma de moño de color azul y plata alude a la nacionalidad argentina.

El ceibo y la flor nacional

La definición de nuestra flor nacional es un tanto reciente. El nombre del árbol puede escribirse indistintamente con "c" o con "s".

Características botánicas

- Nombre: Erythrina crista-galli.
- Árbol de crecimiento relativamente lento, que puede alcanzar entre 5 y 10 m de altura. También puede tener un desarrollo arbustivo.
- El tronco puede alcanzar hasta 70 cm de diámetro.
- La flor se presenta en racimos colgantes, hermafroditas. Es de color rojo escarlata.
- Su follaje es caduco de invierno.

A principios del siglo XX muchos países ya tenían su flor nacional, pero en la Argentina faltaba definir este emblema.

Por tal motivo, al cumplirse el centenario de la Revolución de Mayo, un grupo de botánicos se reunieron para elegir una flor que representara a nuestro país.

Y pensaron en la pasionaria –o mburucuyá, como se la llama en el litoral–, pero la idea no atrajo a las autoridades nacionales, y la elección de la flor nacional quedó, durante años, en el olvido.

En 1928 se decidió realizar una consulta popular, cuyo resultado fue que la magnolia debía ser la elegida. En segundo lugar figuraba el ceibo y, finalmente, la estrella federal.

La magnolia quedó descartada pues no era autóctona de nuestro suelo. Entonces, el ceibo ocupó su lugar en las preferencias.

Entre los argumentos que dieron peso a la decisión final, figuraba en los informes de los botánicos que estudiaron la decisión que "Es una flor silvestre criolla que luce su corola roja en medio de los bosques naturales y se proyecta en ríos y arroyos de la Patria". Además, "Como el ombú, típico exponente pampeano, el hornero, ave que surca su cielo, el ceibo debe ser la flor simbólica de la Argentina".

Faltaba, solamente, darle carácter legal a la elección, y para ello se creó una comisión, presidida por el oficial mayor del Ministerio de Agricultura, integrada por representantes de la misma Facultad, de la Facultad de Filosofía y Letras, de la Academia de la Historia, del Museo de La Plata, del Instituto Darwiniano, del Instituto Lillo de Tucumán, entre otros.

A continuación transcribimos el texto del decreto:

El Poder Ejecutivo Nacional,
Buenos Aires, diciembre 2 de 1942

Visto el informe presentado por la comisión especial designada por el Ministerio de Agricultura para proponer la flor que pudiera ser consagrada flor nacional argentina y de cuyas actuaciones se desprende:

A) Que la flor del seibo ha merecido la preferencia de gran número de habitantes de distintas zonas del país, en las diversas encuestas populares promovidas por órganos del periodismo y entidades culturales y científicas,

B) que estas circunstancias han determinado el conocimiento de la flor del seibo en casi todos los países de Europa y América, donde ya figura, en virtud de dichos antecedentes, como representante floral de la República Argentina,

C) que la flor del seibo, cuya difusión abarca extensas zonas del país, ha sido evocada en leyendas aborígenes y cantada por poetas, sirviendo también de motivo para trozos musicales que han enriquecido nuestro folklore, con expresiones artísticas de hondo arraigo popular y típicamente autóctonas.

D) que el color del seibo figura entre los que ostenta nuestro escudo, expresión de argentinidad y emblema de nuestra patria,

E) que además de poseer el árbol del seibo, por su madera, aplicaciones industriales, su extraordinaria resistencia al medio y su fácil multiplicación han contribuido a la formación geológica del delta mesopotámico, orgullo del país y admiración del mundo,

F) que diversas instituciones oficiales, civiles y militares, han establecido la plantación del seibo al pie del mástil que sustenta nues-

TRA BANDERA, ASIGNÁNDOLE ASÍ UN CARÁCTER SIMBÓLICO Y TRADICIONALISTA,

G) QUE POR OTRA PARTE NO EXISTE EN LA REPÚBLICA UNA FLOR QUE ENCIERRE CARACTERÍSTICAS BOTÁNICAS, FITOGEOGRÁFICAS, ARTÍSTICAS O HISTÓRICAS QUE HAYAN MERECIDO LA UNANIMIDAD DE LAS OPINIONES PARA ASIGNARLE JERARQUÍA DE FLOR NACIONAL, POR LO QUE LAS PREDILECCIONES, COMO SE HA PUESTO DE MANIFIESTO EN LAS ENCUESTAS Y CONCURSOS LLEVADOS A CABO,

H) QUE ADEMÁS NO EXISTE LA POSIBILIDAD DE QUE UNA DETERMINADA PLANTA ABARQUE SIN SOLUCIÓN DE CONTINUIDAD TODA LA EXTENSIÓN DEL PAÍS POR LA DIVERSIDAD DE SUS CONDICIONES CLIMÁTICAS Y ECOLÓGICAS,

I) QUE LA OPINIÓN DE LA MAYORÍA DE LOS MIEMBROS DE LA MENCIONADA COMISIÓN ESPECIAL, DESPUÉS DE ANALIZAR EN SUS DISTINTOS ASPECTOS LA CUESTIÓN, SE HA PRONUNCIADO EN EL SENTIDO DE QUE SEA EL SEIBO EL EXPONENTE FLORAL DE LA REPÚBLICA ARGENTINA.

POR TODO ELLO,

EL PRESIDENTE DE LA NACIÓN ARGENTINA, EN ACUERDO GENERAL DE MINISTROS,

DECRETA :

ART. 1°. - DECLÁRESE FLOR NACIONAL ARGENTINA LA FLOR DEL SEIBO.

ART.2°. - EL MINISTERIO DE AGRICULTURA ADOPTARÁ LAS MEDIDAS NECESARIAS PARA QUE EN LOS LOCALES DE LA PRIMERA EXPOSICIÓN FORESTAL ARGENTINA A INAUGURARSE EL 24 DEL CORRIENTE MES EN ESTA CAPITAL, ESTÉN REPRESENTADOS EL ÁRBOL Y LA FLOR DEL SEIBO.

ART.3°. - COMUNÍQUESE, ARCHÍVESE Y DÉSE A CONOCER.

DECRETO N° 138474/42

El pato, deporte nacional

De los opuestos confines
de la pampa, uno tras otro,
sobre el indómito potro
que vuelca y bate las crines,
abandonando fortines,
estancias, rancho, mujer,
vienen mil gauchos a ver
si en otro pago distante
hay quien se ponga delante
cuando se grita: ¡a vencer!

Sobre el inmenso escenario
vanse formando en dos alas
y el sol reluce en las galas

de cada bando contrario;
puéblase el aire del vario
rumor que en torno desata
la brillante cabalgata
que hace sonar, de luz llenas,
las espuelas nazarenas
y las virolas de plata.

De entre ellos el más anciano
divide el campo después,
señalando de través
larga huella por el llano;
y alzando luego en su mano
una pelota de cuero
con dos manijas, certero
la arroja al aire, gritando:
–¡Vuela el pato!... ¡Va buscando
un valiente verdadero!

Y cada bando a correr
suelta el potro vigoroso,
y aquél sale victorioso
que logra asirlo al caer.
Puesto que él supo vencer
en medio, la turba calla,
y a ambos lados de la valla
de nuevo parten el llano
esperando del anciano
la alta señal de batalla.

Rafael Obligado, *Santos Vega*

La práctica de este deporte fue testimoniada por los jesuitas en sus Cartas Anuas, allá por 1610. En la descripción de los festejos con que se celebrara en Buenos Aires la beatificación de Loyola, fundador de la Compañía de Jesús, se dice que "hizo su oficio la artillería y mosquetería, y salieron algunos con intenciones de regocijo a correr patos delante de nuestra iglesia". Su origen fue puramente criollo.

Famoso por el 1500, ya en el 1800 sufrieron un primer embate cuando la Iglesia comenzó a sancionar a los jugadores, bajo pena de excomunión y negándoles el derecho de descansar en suelo santo.

Entre los jefes de gobierno, Rivadavia y Rosas lo prohibieron. Así pues, autoridades civiles y religiosas impidieron su práctica alternadamente atento a la peligrosidad y las severas e irreparables consecuencias derivadas de ella.

A río revuelto, ganancia de pescadores.

Pero el juego pervivió en la memoria, y hace unos años, ajustándose a un reglamento moderado, alcanzó el prestigio de ser deporte nacional.

En su origen, este deporte era bastante cruento: solíase colocar a un pato vivo en una bolsa de cuero, con la cabeza afuera, y éste era el botín que todos perseguían.

Dos reglas de oro de este juego son:

• Cualquier movimiento que el jugador haga para impedir que el adversario tome una de las manijas constituye una "negada", acto que el reglamento prohibe y sanciona, salvo que tenga por fin efectuar pase o tratar de convertir un tanto.

• Si un adversario logra tomar el "pato" se origina una "cinchada", que debe efectuarse sin que ninguno de los dos jinetes se apoye en la silla o en su cabalgadura, es decir, "a pura rienda".

Afortunadamente se ha preservado el juego, pero la pieza codiciada es hoy una pelota blanca, de fuerte cuero inanimado, con seis manijas. Sigue intacta la destreza de los jinetes, que en dos equipos de cuatro jugadores tratan de embocar el pato en un aro. El paisaje se ha recortado a una cancha delimitada (un largo entre 220 y 180 m, por 90 u 80 de ancho) y dos arcos de 2,7 ó 2,4 m de alto con una red de 1 m de profundidad y forma de cono. Mediante ágiles pases los miembros de cada equipo deberán eludirse recíprocamente para introducir el "pato" en el aro. Es obligatorio que el jugador que tiene el "pato" lo lleve con el brazo derecho extendido perpendicularmente a su cuerpo, como ofreciéndolo a sus adversarios.

No por mucho madrugar, amanece más temprano.

En 1941 se fundó la Federación Argentina de Pato, para fomentar y difundir su práctica, y en 1953 se lo declaró Deporte Nacional (Decreto N° 17.468). Atento a la ininterrumpida trayectoria de este deporte en la zona, se nombró a General Las Heras Capital del Pato.

Y si la práctica de este deporte ha despertado su interés, encontrará algunos de los lineamientos básicos que regulan el juego:

• Los partidos se dividen en seis tiempos de ocho minutos cada uno. Entre cada tiempo puede darse un intervalo de no más de cuatro minutos.

• Antes de que comience el partido, los equipos se alinean en sectores opuestos de la cancha. Cada jugador por turno intentará, durante una corrida, recoger el "pato" del suelo. El equipo con más aciertos, elige el arco.

Dios da pan
a quien no tiene dientes.

• Durante el partido los equipos cambian de arco por tiempo.

• Cuando el "pato" cae al suelo, sólo puede ser recogido por el jugador más próximo. La acción se conoce como "levantada", y debe hacerse por el lado derecho del montado sin disminuir la marcha. Mientras realiza esta maniobra el jugador no podrá ser molestado por otros jugadores.

• El jugador en posesión del "pato" deberá ofrecerlo con la mano derecha mientras se dirige al arco. La acción se conoce como "cinchada". Todo pase o tiro al arco debe hacerse con la mano derecha; el "pato" puede recibirse indistintamente con una u otra mano o ambas.

Juego nacional, al fin, que ha conservado su nombre, ha delineado sus reglas y ganado en nobleza.

Nuestra tierra

...y el mate

El mate: tradición del Cono Sur

La identificación **mate = argentino** es bastante usual en todo el mundo. Sin embargo, justo es reconocer que también su consumo forma parte de la vida cotidiana, del encuentro de amigos, en Uruguay, sur de Chile, Brasil y Paraguay. De hecho es en las zonas norteñas de nuestro país, donde la tierra es colorada, y el clima caluroso y húmedo, de donde se obtienen las mejores cosechas.

Cuentan que originalmente los guaraníes lo tomaban como té: colocaban las hojas secas y picadas en un recipiente, las hidrataban con agua caliente y bebían después de unos minutos, retirando la borra de hojas. Luego comenzó a utilizarse una cañita hueca, precursora de la bombilla. Actualmente, se encuentra en pleno auge, y así lo demuestran los locales dedicados a mateadas con productos regionales, en pleno barrio de San Telmo, en la Ciudad Autónoma de Buenos Aires; la diversidad de yerbas saborizadas (con frutas cítricas, con hierbas medicinales, etc.); los equipos descartables para matear; y el dispendio de agua caliente, que ha llegado a sumarse a la oferta de bebidas y comestibles en la costanera sur del Río de la Plata.

Más alegre que día de mate con torta frita.

Para preparar una mateada

El mate

Según el diccionario, la palabra mate proviene de una voz quechua, "mati", que significa *calabacita*. Y es que el recipiente original, el mate auténtico, se ceba en calabaza (vaciada y convenientemente abierta y cortada).

Se contempla también el hecho de que recipiente y bebida tienen el mismo nombre. Y se generaliza también en relación cualquier hierba medicinal que se beba como infusión, en ese recipiente y con bombilla (por ejemplo, mate de cedrón, de poleo, etc.).

Muchas veces la forma está relacionada con el estilo que le agrada imprimir el cebador a sus mateadas. El favorito para el mate amargo, verde o cimarrón es el de forma achatada y que se conoce como mate galleta o poto. En cambio, para el mate dulce, es preferible el que tiene forma de pera y se llama mate poronguito.

Y aun entre los fabricados con calabaza existen diferencias notables. El mate brasileño, por ejemplo, es muy grande y de boca ancha. Siendo tan "larga", la bebida suele enfriarse. El de camionero, por el contrario, tiene un cuello ensanchado como una campana, sumamente útil para evitar derrames provocados por la marcha del vehículo.

Cada uno sabe dónde le aprieta el zapato.

Para evitar las rajaduras que suelen producirse en la boca

del mate con el uso, suele reforzárselos con un borde metálico, liso o labrado.

El adorno llegó a cubrir la calabaza y luego desplazó directamente al material. (En los salones del tiempo de la colonia, se cebaba en juegos de plata.) Aun hoy en día, en casas de platería u objetos regionales se venden verdaderas joyas de orfebrería.

> Entre las piezas más elaboradas, algunas solían llevar un pequeño platito sujeto a la base, en el que se colocaba una pequeña confitura criolla para que saboreara el destinatario de la infusión.

Y a pesar de que los más recomendables son los de calabaza, o en su defecto los de madera[1] o castaña de Pará, poco a poco aparecieron mates de diferentes materiales: los de loza, de metal enlozado, a partir de astas, de pezuñas, etc. Otro adorno que reciben también los de calabaza es un pie de metal, en el que se encastra el mate.

Para preservar la integridad del mate de calabaza, suele cubrírselo con cuero.

Los más extravagantes fueron los de vidrio, con bombilla haciendo juego, que tuvieron poco éxito y hoy no son más que una anécdota en la historia del mate.

[1] El de palo santo no es de buena calidad ya que tarde o temprano, a pesar de curarla, la madera se raja a lo largo de las vetas.

• Cómo curar un mate

Este procedimiento se cumple en mates de madera o calabaza, que son los más recomendables según los expertos mateadores.

A diferencia de los otros materiales, calabaza y madera, al ser porosos, intensifican la infusión ya que con la cura y el uso, el recipiente va impregnándose con el sabor de la yerba mate. En este caso, si a usted le gusta adicionar a la yerba mate alguna hierba medicinal, es recomendable que tenga más de un recipiente: uno, para el sabor original; otro, para la mezcla que elija de acuerdo con sus preferencias.

Quien canta, sus penas espanta.

En el caso de trabajar con una calabaza recién cosechada lo primero que haremos será rebanar la superficie para definir la abertura.

Luego se retirarán todos los hollejos, y se la rellenará con yerba usada húmeda, de mate amargo. Luego se le echará agua caliente y se la dejará un día en reposo.

Cumplido ese tiempo, se desechará la yerba, se lavará bien la calabaza y se raspará su interior con una cucharita. Luego, se repetirá todo este proceso.

Finalmente, el curado al que se somete a las piezas que se adquieren en comercios: se rellenan con yerba nueva y se bañan con agua caliente; entonces se deja estacionar un día para cebar mates dulces, o dos o tres, si prefiere los cimarrones.

Entonces sí, se vacía el mate y sin lavarlo, se estrena con la primera mateada.

• Cómo conservarlo en buen estado

En este punto, es fundamental la higiene de los mates porosos. Nunca los deje con yerba. Y si los toma dulces, menos, porque la yerba con el azúcar fermenta con mayor rapidez, y después el recipiente le da un sabor ácido a la infusión y provoca acidez estomacal.

Después de la mateada, deseche la yerba, enjuague el mate, y déjelo que se seque, escurriendo el agua.

La bombilla

En casa de herrero, cuchillo de palo.

Según el diccionario es una "caña delgada que se usa para sorber el mate en América; tiene unos veinte centímetros de largo y medio de diámetro, y la parte que se introduce en el líquido termina en figura de una almendra llena de agujeritos, para que pase la infusión y no la hierba del mate. También las hay de metal". Tal y como se deduce de esta definición, sólo la palabra es española. Los guaraníes la llamaban tacuapí (de *tacuá*, caña hueca, y *apí*, lisa o alisada). Y si bien muchos han atribuido la invención a los primeros jesuitas que llegaron a la zona, ellos hicieron famoso el té de yerba mate o té de los jesuitas que hoy conocemos como mate cocido.

Y de aquella primera caña, al igual que sucedió con el mate, su evolución no ha cesado con el correr de los años, de los siglos. La primera innovación verdaderamente relevante es la de un cestito tejido en el extremo inferior.

Luego comenzó a fabricárselas con metal, y fueron famosas las labradas en plata.

El cestillo varió a partir de la bombilla de paletilla, con una cara plana y otra esférica, y forma de pera.

Finalmente, desde un punto de vista funcional, la última novedad fue el cesto o filtro desarmable, lo que facilita el aseo de la bombilla.

Y si bien el metal es muy buen conductor de calor, para evitar que el bebedor se queme los labios, se aplasta la boquilla para regular el paso de la infusión.

Así pues, de la simple cañita se distinguen ya tres partes claramente diferenciadas: filtro, cuerpo y boquilla.

Las hay y las hubo de plata, cobre, oro, alpaca, estaño, lata y hasta vidrio; rectas, curvas: según el gusto de cada cebador.

> Recubrir con oro la boquilla de plata no sólo estaba relacionado con que muchos le otorgaran a este metal propiedades antisépticas sino que, al darle mayor grosor, se evitaba también el peligro de quemarse al posar los labios en ella.

• Higiene de la bombilla

Es importante limpiar con frecuencia la bombilla para evitar que la infusión tome un sabor desagradable, metálico, por falta de higiene. Existen cepillitos especialmente delgados que cumplen muy bien su función, aunque la higiene no está completa si no se enjuaga la bombilla habitualmente con abundante agua.

La pava

Según el diccionario, en la Argentina, Bolivia, Chile, Paraguay y Uruguay, designa a un recipiente de metal, o hierro esmaltado, con asa en la parte superior, tapa y pico, que se usa para calentar agua. Entra dentro de la clasificación de cazo, para el vocabulario español peninsular.

Cuanto más se vive, más se aprende.

Sin embargo, a pesar de ser un instrumento imprescindible en la mateada, a pesar de su origen europeo, ya había en estas tierras un utensilio similar para cumplir con la tarea de calentar el agua y cebar. Su nombre era itacuguá (*i*, agua; *tacú*, caliente, y *guá*, recipiente). Se fabricaba con cerámica y actualmente todavía se la utiliza en algunas regiones del Paraguay.

• Higiene de la pava

Es importante mantener en buen estado la pava para asegurar la calidad de la infusión. El aseo frecuente para eliminar restos de sarro es, en este punto, imprescindible. Una buena forma de removerlo es hervir en la pava cáscaras frescas de papa. Luego, enjuagar muy bien antes de usar.

Yerba mate

• Perspectiva botánica

Originaria del Paraguay, se extendió a otras regiones por influencia de las misiones jesuíticas.

Beber con medida alegra la vida.

La zona comprendida entre las vertientes de los ríos Paraguay y Paraná, por el alto contenido de hierro de la tierra, las abundantes lluvias y la cálida temperatura, es privilegiada para este tipo de cultivo.

La planta tiene flores pequeñas, blancuzcas y frutos esféricos, pequeños, de color morado. Muchas de las semillas, dada la dureza de su corteza, tardan años en germinar.

• De la planta natural a la yerba mate

Para obtener la yerba mate se realiza un secado de hojas y tallos. Luego esta verdura se muele y se cuela o tamiza (por ello tenemos yerba con y sin palo).

IMPORTANTE

Si la yerba mate le provoca acidez, pruebe con una de origen orgánico o ecológico. Muchas veces son las técnicas de secado forzado las que provocan este tipo de reacción.

Agua

La calidad del agua, no sólo de la yerba, determinará el resultado final. Además, en este caso, la temperatura juega un papel importante, a saber:

• si el agua está bien caliente (pero antes de llegar a la ebullición), la bebida se obtiene por infusión. Es el mate cimarrón o dulce.

• si el agua está fría, la bebida se obtiene por maceración. Es el tereré.

• si al llegar al hervor, se vierte en el recipiente la yerba, la bebida se obtiene por cocción. Es el mate cocido.

Para obtener el máximo rendimiento de la yerba tenga en cuenta que, si ceba cimarrón, el agua no debe llegar a hervir.

El agua hervida se llama "agua quemada" y debe desecharse (nada de esperar a que baje la temperatura ni forzarla con un chorrito de agua fría).

El hombre es como el oso:
cuanto más feo,
más hermoso.

El mate dulce es menos rendidor porque para que el azúcar se disuelva el agua debe estar casi a punto de hervor, y de esta forma la yerba "se cansa" más rápido. Para demorar el deterioro, se va renovando parte de la yerba periódicamente durante la cebada.

Paso a paso... ¡y que empiece la ronda!

Comencemos por aclarar que no debe decirse hacer mate sino, correctamente, cebar mate, puesto que la palabra cebar expresa la idea de mantener, alimentar o sustentar algo en estado floreciente, que es lo que hace el buen cebador al mantener la cebadura siempre gustosa, alimentándola con agua a la debida temperatura y sustentándola floreciente, es decir, espumosa.

María L. Zárate[1]

Siendo nuestro deseo el ser exhaustivos y tan meticulosos como seamos capaces, vamos a explicar por pasos cada acción que debamos emprender para degustar una mateada.

El buen vino resucita al peregrino.

Paso 1

Completar con yerba las tres cuartas partes del mate (de calabaza, desde ya).

[1] Zárate, María L, El mate. Bs. As., imaginador, "Biblioteca del Hogar y la familia", 1998.

Paso 2

Sosteniendo la calabaza con una mano, tapar con la palma de la otra la abertura, y sacudir. De esta forma quedará adherida a la palma de la mano gran parte del polvo que pudiera tener la yerba (que luego taparía la bombilla, no haría toser, etc.). También puede apoyar una servilleta de papel para recoger el polvillo.

Paso 3

Enterrar la bombilla hasta el fondo del mate.

Paso 4

Alejar la yerba del cuerpo de la bombilla, amontonándola enfrente.

Paso 5

Verter un poco de agua en la zona deprimida y esperar unos minutitos a que la yerba se hidrate.

Hay quienes cumplen este paso con agua fría. Luego la sorben y desechan.

Paso 6

Completar el mate con agua hasta el borde, siempre vertiendo en la zona deprimida. De esta forma, preservaremos parte de la yerba para que la mateada dure un ratito más.

Quien mal anda,
mal acaba.

El idioma del mate

El mate es buena bebida,
el que lo toma lo goza;
pero el mejor matecito
es el sebao por donosa.

Algunos dicen que su lenguaje nació en el campo, entre miradas de gaucho y mocita. Otros hablan de las tertulias ciudadanas donde las niñas eran custodiadas por la mirada tutelar de madres, abuelas, tías... Lo cierto es que de boca en boca, a través de la literatura popular (en revistas, almanaques) fue prosperando esta idea de un lenguaje amoroso entrelazado con la acción de cebar.

A todo haragán,
las cabras se le van.

De las más reconocidas, según María L. Zárate, se destacan las siguientes:

- Mate amargo: indiferencia.
- Mate dulce: amistad.
- Muy dulce: habla con mis padres.
- Muy caliente: ardo de amor por ti.
- Hirviendo: odio.
- Lavado: rechazo.
- Espumoso: cariño verdadero.

- Mate frío: desprecio.
- Con canela: estás en mis pensamientos.
- Con cáscara de naranja: acércate a mí.
- Con té: desdén.
- Con café: ofensa perdonada.
- Con melaza: me duele tu tristeza.
- Con leche: estima.
- Con miel: casamiento.
- Con limón: disgusto o rechazo.

También se utilizaban las hojas de la yerba, como las del té, para predecir el futuro, como remedio, o como estimulante.

Asociado con la magia, de boca de curanderos han llegado hasta hoy distintos artificios obrados a partir de un amistoso mate para conquistar al varón, por ejemplo.

Nuestra tierra

...y su cocina típica

Locro

Ingredientes

2 tazas de maíz blanco pelado
500 g de carne trozada
3 chorizos colorados
100 g de panceta ahumada
1 patita de chancho
Cuerito de chancho, a gusto
100 g de tripa gorda
200 g de mondongo cortado
500 g de zapallo
4 puerros

Para la salsita picante

4 cebollas de verdeo
2 cucharadas de pimentón dulce
2 cucharadas de comino en grano
Grasa de pella, cantidad necesaria

Preparación

Remojar el maíz durante toda una noche.

Al día siguiente escurrirlo, y colocarlo en una cacerola con abundante agua. Añadir la patita y los cueritos de cerdo, cortados en tiritas, y llevar a hervor durante 1 hora.

Entonces agregar las demás carnes y achuras, cortadas en trozos y dejar hervir 10 minutos. Espumar.

Será entonces el turno de las verduras (lavadas, peladas y picadas). Cocinar una hora o hasta que el locro haya espesado, y los ingredientes estén tiernos.

Para la salsa, cortar en fina juliana y lavar muy bien las cebollas de verdeo.

Rehogarlas en grasa.
Aparte calentar 4 cucharadas de grasa con el pimentón, sin dejar que ésta llegue a quemarse. Agregar a este fondo las cebollas rehogadas y condimentar.
Servir unas cucharadas sobre cada porción de locro.

Locro criollo

Ingredientes

1 kg de maíz blanco partido
1 kg de porotos blancos
1/2 kg de carne de cerdo
200 g de panceta
1/2 kg de carne de ternera
3 chorizos comunes
2 chorizos españoles
1 kg de asado de tira
250 g de zanahorias
250 g de zapallo
1 cucharada de pimentón dulce
1 cucharada de pimienta
250 g de papas
250 g de batatas
250 g de repollo

Para la salsa

1 taza de aceite de oliva
1 cabeza de ajo
1 cucharada de pimentón

1 cucharada de ají molido
Sal y pimienta

Varios:
Cebolla de verdeo picada, a gusto

Preparación

Remojar durante toda una noche, separadamente, maíz y porotos.
Al día siguiente, poner a hervir la mitad de los porotos y del maíz en el agua del remojo junto con los chorizos enteros; la carne de vaca cortada en daditos; la panceta, en trozos; y la carne de cerdo.
Hervir a fuego bajo hasta que espese y las carnes estén tiernas.
Mezclar de vez en cuando con cuchara de madera, para que se deshagan las legumbres y no se pegue en el fondo.
Aparte hervir el resto de porotos y maíz y agregarlos al locro, junto con las verduras, lavadas y cortadas en dados.
Condimentar con el pimentón y la pimienta, y cocinar hasta que todo esté bien tiernito.
Para la salsa, pelar y machacar los ajos.
Condimentarlos con pimienta, ají molido, pimentón y sal y rehogarlos en el aceite.
Servir cada porción con algunas cucharadas de la salsa y decorado con las cebollas de verdeo picadas.

Humita en chala

Ingredientes

2 choclos frescos

1 cebolla grande
1 ají morrón grande
3 cucharadas de azúcar
1/2 taza de manteca
1 cucharadita de ají molido
1 cucharada de pimentón
1/2 taza de albahaca fresca
Sal y ají molido
250 g de queso de cabra, cortado en cubos (opcional)

Preparación

Pelar cuidadosamente los choclos, y reservar las chalas sanas. Rallarlos o desgranarlos según su dureza. Molerlos en un mortero o con una picadora eléctrica. Agregar el ají, la cebolla y la albahaca, y molerlas o procesarlas hasta obtener una pasta homogénea.

Estando la pasta lista, salar ligeramente, agregar el azúcar y la manteca, derretida con pimentón y ají molido.

Entonces, rellenar las chalas: cruzar dos; en el centro, colocar tres cucharadas de la pasta de choclo, y un trozo de queso; cerrarlas como un paquete y atarlas con una tira de chala guato.

Finalmente, hervir en agua con sal durante 45 minutos.

Revuelto gramajo

Cuentan que fue el segundo del General Roca, el coronel Héctor Gramajo, quien creó este plato.

Ingredientes

2 cebollas medianas

2 papas medianas
1 taza de arvejas frescas hervidas
100 gramos de jamón cocido
4 huevos
Sal y pimienta, a gusto
Aceite, cantidad necesaria

Preparación

Pelar las cebollas, y cortarlas en fina juliana.
Rehogarlas en aceite, a fuego bajo, hasta que estén bien tiernitas.
Lavar y pelar las papas, cortarlas en bastones y freírlas en abundante aceite caliente hasta que se doren. Escurrirlas y reservar.
Los últimos pasos: cortar el jamón en tiras y
batir los huevos ligeramente salpimentados.
Y entonces sí: previamente escurrida,
poner la cebolla en una sartén.
Agregar las papas fritas, las arvejas y el jamón.
Revolver y, en cuanto los ingredientes estén bien calientes,
verter sobre ellos los huevos batidos.
Subir la llama y continuar la cocción, revolviendo delicadamente
hasta que los huevos cuajen sin secarse del todo.
Acompañar con rodajas de pan tostado.

Carbonada

Ingredientes

1/2 taza de aceite
1 cebolla grande
1 y 1/2 lata de tomates al natural

3 hojas de laurel
1 cucharada de orégano
150 g de manteca
1 y 1/4 kg de carnaza
250 g de zapallo
250 g de papas o batatas
1 taza de arvejas frescas hervidas
1 taza de choclo desgranado
500 cm^3 de caldo
400 g de arroz
3 duraznos en almíbar
Sal y pimienta, a gusto

Preparación

Pelar y cortar el zapallo en dados.
Lavar y pelar las papas o batatas. Cortarlas en dados.
Cortar la carnaza en dados.
Pelar y picar la cebolla. Dorarla en el aceite.
Agregar la carnaza y sellarla.
Perfumar con las hojas de laurel.
Picar los tomates y verterlos en la cacerola con todos sus jugos.
Salpimentar.
Cocinar durante 15 minutos. Añadir la manteca, el caldo, el zapallo, y las papas o batatas.
Saborizar con el orégano y dejar hervir hasta que esté todo cocido. Agregar entonces el arroz lavado, las arvejas, el choclo y tapar.
Dejar hervir a fuego bajo durante 10 minutos.
Incorporar los duraznos, en cuartos, y cocinar durante 10 minutos más.
Importante: La cocción se realiza a fuego bajo ya que no se recomienda revolver la carbonada para que no se forme un puré con las verduras cocidas.

Parrillada

Ingredientes

Asado
Vacío
Achuras (chorizos, morcillas, chinchulines, mollejas, etc.)
Pollo
Sal gruesa o sal parrillera

Adobo para el pollo

Aceite
Jugo de limón
Pimentón y romero

Preparación

La técnica del asador va desarrollándose y perfeccionándose, de asado en asado, a través del tiempo.

Para quienes se inician en este ritual gastronómico hemos consignado aquí algunas indicaciones básicas.

• Para prender un buen fuego se necesitan bollos de papel de diario y maderas finas (palitos).

Se prepara entonces una montañita de papeles, se la rodea con las maderas (como formando una carpa india) y se enciende el papel.

Poco a poco se le irá arrimando carbón y sólo cuando éstos estén al rojo vivo, los desparramaremos un poquito y bajaremos el enrejado de la parrilla.

• Antes de poner la carne, es conveniente frotar la parrilla con un poco de grasa (de la misma carne que se asará).

• Hacia los lados, lejos de las brasas centrales el calor es menor. Allí podrá conservar piezas cocidas para que mantengan su calor sin resecarse.

El pollo es el más esmerado (tarda casi una hora en asarse) y, las más rápidas, las achuras (por eso se las sirve primero).

- Cada carne lleva su tiempo. No la apure o se quemará por fuera y quedará cruda por dentro.
- Puede tapar la carne con un cartón limpio.
- Sálela al darla vuelta. Si la sala al principio quedará más rígida.

Chimichurri

Aderezo para carnes, fiel compañero del asado.

Ingredientes

50 g de ají molido
2 puñados de orégano
1 cabeza de ajo, bien picada
2 hojas de laurel
1 cucharadita de pimienta negra
Pimentón picante, a gusto
Sal y pimienta, a gusto
2 tazas de aceite
500 cm^3 de vinagre

Preparación

Mezclar el ajo y las especias. Bañar con el aceite e incorporar el vinagre. Revolver y dejar reposar un día para que los sabores se asienten.

IMPORTANTE: utilizar hierbas aromáticas secas (ya que las frescas fermentan).

Puchero de ave

Receta original. Después queda a su gusto la selección de ingredientes.

Ingredientes

1 pollo
6 puerros
3 tallos de apio
2 zanahorias
250 g de zapallo
2 papas
2 batatas
2 cebollas
1/2 repollo
1 morcilla
1 chorizo
1 trozo de panceta salada
300 g de garbanzos remojados
1 puñado de sal gruesa
Algunas hojas de albahaca
Agua, cantidad necesaria

Preparación

Limpiar el pollo y trozarlo.
Colocarlo en una cacerola y agregar agua hasta completar la mitad de la capacidad.
Pelar las zanahorias, las papas, las cebollas, las batatas, el zapallo.
Quitarles las raíces a los puerros y cortarlos en no más de tres secciones.
Colocar las cebollas enteras, los puerros y las zanahorias

junto con el pollo. Echar un puñado de sal gruesa, la albahaca, y cocer a fuego bajo.
Espumar cuando sea necesario y continuar la cocción hasta que la carne esté casi tierna. Incorporar entonces las papas y las batatas, cortadas en trozos grandes, los porotos, y continuar la cocción.
En una cacerola aparte hervir la morcilla, el chorizo, la panceta y el repollo, cortado en cuartos.
Servir en una o dos fuentes, verduras, y carnes y achuras.

IMPORTANTE: las carnes hervidas casan muy bien con un aderezo de mostaza o mayonesa.

Empanadas salteñas

Ingredientes

Para la masa

1 kg de harina
300 g de grasa de pella
1 taza de agua tibia
1/2 cucharada de sal

Para el relleno

1 kg de roastbeef
1 papa grande
1 cebolla
3 huevos duros
1 ramito de cebollín
100 g de grasa de pella
Sal, pimienta, pimentón dulce y comino, a gusto

Preparación

Disolver la sal en el agua tibia.
Formar una corona con la harina. Verter en medio la grasa, derretida y tibia. Empezar a amasar sumando el agua tibia y salada, poco a poco, hasta obtener una masa tierna y suave.
Dejar reposar y preparar el relleno.
Cortar la carne en daditos.
Pelar la cebolla y picarla finamente.
Pelar la papa y cortarla en daditos. Darles un hervor hasta que estén apenas tiernos. Al colarlos, volcar parte del agua sobre la carne para que tenga una primera y ligerísima cocción (que recibe el nombre de sancochado).
Salpimentar y condimentar con comino.
Colocar la cebolla en un cacerola y dorarla en la grasa de pella.
Retirar del fuego, agregar el pimentón, y revolver muy bien.
Volcar sobre las papas y la carne. Mezclar y dejar que se enfríe.
Entonces espolvorear con el cebollín, lavado y picado y los huevos, picadísimos (o rallados).
Estirar la masa más bien finita y cortar discos.
Colocar una o dos cucharadas de relleno por empanada.
Cerrar con un fuerte repulgo, y hornear a temperatura fuerte, durante 7 ó 10 minutos.

Empanadas santiagueñas

Ingredientes

Para la masa
500 g de harina

100 g de grasa de pella
2 huevos
2 cucharadas de aceite de oliva
1/2 taza de agua tibia
1 cucharadita de sal gruesa

Para el relleno
250 g de paleta
1 cebolla
3 cebollas de verdeo
2 tomates
Grasa de pella y manteca cantidad necesaria
Comino, pimentón dulce, laurel fresco, orégano fresco y ají molido, a gusto
Sal y pimienta

Preparación

Disolver la sal en el agua tibia.
Formar una corona con la harina. En el centro, echar los huevos, la grasa derretida y el aceite de oliva. Trabajar con las manos para integrar los distintos ingredientes incorporando el agua salada, poco a poco, hasta obtener un bollo suave pero firme, de forma cilíndrica.
Dejarlo descansar y entre tanto, preparar el relleno.
Cortar la carne en trocitos.
Pelar la cebolla y picarla finamente.
Desechar las raíces y parte de las hojas de las cebollas de verdeo. Cortarlas en fina juliana y lavarlas muy bien.
Derretir en una cacerola partes iguales de manteca y grasa.
Rehogar allí las cebollas (las dos clases).
En cuanto estén tiernas, incorporar la carne.
Cocinar unos minutos para que se selle y agregar los tomates, previamente triturados.

Condimentar con comino, pimentón dulce, laurel fresco, orégano fresco, ají molido, pimienta y sal. Reservar.
Cortar la masa en rodajas y formar rollitos. Dividir cada uno en porciones pequeñas y amasar hasta obtener de cada una un disco de empanada.
Rellenar y cerrar cada empanada con un fuerte repulgo.
Cocinar en horno precalentado, a temperatura moderada, hasta que se vean sequitas.

Empanadas cordobesas

Ingredientes

Para la masa

1 kg de harina
300 g de manteca pomada
1 taza de agua tibia
Sal, a gusto

Para el relleno

500 g de carne vacuna
2 papas grandes
2 zanahorias
Pasas, a gusto
2 cucharadas de azúcar
50 g de aceitunas verdes
2 huevos duros
Manteca y grasa de pella, para rehogar
2 cebollas
3 ajíes en vinagre

1 tomate
Orégano, comino, pimienta y sal, a gusto

Preparación

Con la masa proceder de igual forma que en la receta de empanadas santiagueñas.
Para el relleno, cortar la carne en trocitos.
Pelar las papas y las zanahorias, y cortarlas en cubitos.
Darles un hervor hasta que estén tiernas pero firmes.
Pelar las cebollas y picarlas finamente. Rehogarlas en partes iguales de manteca y grasa de pella. Incorporar entonces la carne y sancocharla.
Condimentar con sal, pimienta, orégano, azúcar y comino.
Cocinar dos minutos y retirar del fuego. Dejar que se enfríe.
Cortar las aceitunas en rueditas, y picar o rallar los huevos.
Cortar en fina juliana los ajíes.
Procesar el tomate.
Incorporar al relleno estos ingredientes. Sumar además las pasas y rectificar la sazón antes de rellenar las empanadas.

Masa criolla

Ingredientes

Para la masa
4 tazas de harina
300 g de manteca
4 yemas de huevo
1 taza de leche tibia
1 cucharadita de sal

Para el relleno
500 g de carne picada
2 cebollas
1/2 ají morrón
2 huevos duros
50 g de aceitunas verdes
Sal, pimienta, orégano, ají molido y pimentón dulce, a gusto
Aceite, cantidad necesaria
Huevo batido, para pintar

Preparación

Formar una corona con la harina.
Colocar en el centro la manteca y desmigajarla.
Incorporar las yemas.
Amasar hasta formar un bollo liso, incorporando lentamente la leche con sal.
Dejar descansar unos 20 minutos. Entre tanto, preparar el relleno.
Pelar la cebollas y picarlas groseramente.
Lavar el ají, desechar las semillas y el cabito, y cortarlos en cubitos.
Rehogar cebollas y ají en un espejo de aceite tibio.
Entonces incorporar la carne y revolver.
Condimentar con sal, pimienta, orégano, ají molido y pimentón dulce.
Cocinar durante diez minutos, en cacerola tapada.
Retirar del fuego y dejar que se enfríe.
Recién entonces añadir las aceitunas, en mitades y sin carozo, y los huevos, rallados groseramente con rallador de verduras.
Revolver y rectificar la sazón.
Colocar una o dos cucharadas de relleno en cada disco y cerrar con un repulgo.

Ubicar las empanadas en una placa ligeramente aceitada, y pintarlas con el resto de huevo batido.
Hornear a temperatura elevada hasta que estén doradas.

Bizcochitos de grasa

Ingredientes

500 g de harina
200 cm³ de agua
20 g de sal
200 g de grasa vacuna
50 g de levadura fresca

Preparación

Formar una corona con la harina.
Disolver la sal y la levadura en el agua tibia. Verter en el centro de la corona. Finalmente incorporar la grasa, blanda, y amasar hasta obtener un bollo homogéneo.
Dejar descansar en un lugar tibio, cubierto con una bolsa de polietileno hasta que aumente su volumen.
Entonces estirar la masa sobre una superficie enharinada hasta alcanzar un espesor no mayor de 5 mm.
Cortar bizcochitos y pincharlos.
Ubicarlos en una asadera, ligeramente aceitada.
Dejar descansar unos 30 minutos, y cocinar, en horno precalentado, a temperatura moderada durante 10 ó 12 minutos.

Tortas fritas

Ingredientes

500 g de harina
5 cucharadas de grasa de vaca
1/2 taza de leche
1 huevo
1 cucharadita de sal

Preparación

Hervir la leche. Disolver en ella la sal.
Colocar la harina en un bol, formando una corona.
En el centro agregar dos cucharadas de grasa, el huevo y la leche.
Trabajar los ingredientes hasta obtener una masa tierna y homogénea.
Formar bollitos y dejarlos descansar unos 15 minutos.
Finalmente estirarlos formando con los dedos un disco, con un pequeño orificio central, de borde grueso.
Freírlos en grasa hirviendo.
Servir calientes o frías, espolvoreadas con azúcar o miel de caña.

Mazamorra

Ingredientes

2 tazas de maíz blanco molido
1/4 de cucharada de bicarbonato de sodio
1 taza de leche

Azúcar o miel, y canela, a gusto

Preparación

Poner el maíz en remojo y dejarlo toda una noche (unas doce horas).
Al día siguiente, lavarlo y colocarlo en una cacerola.
Cubrir con agua hirviendo, duplicando el volumen de maíz.
Llevar a fuego y dejar hervir, revolviendo periódicamente con cuchara de madera para que no se pegue.
Continuar la cocción hasta que el maíz esté tiern y se haya reducido el líquido.
Agregar entonces el bicarbonato y revolver constantemente hasta que espese.
Incorporar la leche y cocinar unos minutos más hasta que espese nuevamente.
Servir la mazamorra en platos hondos o cazuelas de barro, adicionar el azúcar y espolvorear con canela.

Alfajores cordobeses

Ingredientes

Para la masa

500 g de harina

3 cucharaditas de polvo para hornear

4 huevos

200 g de azúcar

200 g de manteca

Para el relleno
Dulce de leche repostero o
mermelada de frutas, a elección

Para el baño de azúcar
200 g de azúcar impalpable
4 cucharadas de agua
1 cucharada de jugo de limón
1 cucharada de coñac

Preparación

Tamizar la harina y el polvo para hornear.
Formar con ellos una corona.
En el centro verter el azúcar y desmigajar con ella la manteca.
Entonces verter los huevos, batirlos e integrarlos
poco a poco con el resto de los ingredientes.
Trabajar con las manos hasta obtener una masa tierna.
Estirar la masa sobre una superficie enharinada, hasta alcanzar
un espesor de 5 mm como máximo.
Cortar entonces discos de 4 cm de diámetro.
Colocarlos en placas, previamente enmantecadas y enharinadas.
Cocinar en horno precalentado, a temperatura moderada,
hasta que se vean sequitas.
Entonces retirarlas del horno y dejar que se enfríen sobre
una rejilla de metal.
Una vez a temperatura ambiente, unirlas con dulce de leche.
Para el baño, mezclar el azúcar con el agua,
el jugo de limón y el coñac.
Bañar rápidamente ya que este baño se solidifica
en poco tiempo.

Alfajores santafesinos

Ingredientes

Para la masa

5 yemas de huevo

1 cucharada sopera de alcohol fino

10 cucharadas de harina leudante

Para el relleno

Dulce de leche repostero

Para la cobertura de merengue

5 claras de huevo

12 cucharadas de azúcar

Preparación

Formar una corona con la harina. En el centro, colocar las yemas, el alcohol y trabajar con las manos hasta obtener una masa homogénea.

Sobre una superficie enharinada, estirar la masa bien finita.

Cortar discos y colocarlos en una placa limpia (sin enmantecar).

Hornear a temperatura moderada entre 3 y 5 minutos, hasta que la superficie se ampolle ligeramente y se despeguen fácilmente.

Dejar enfriar sobre una rejilla metálica.

Una vez a temperatura ambiente, untar con dulce de leche y formar los alfajores.

Para la cobertura de merengue, batir las claras a punto nieve.

En cuanto estén bien firmes, espolvorear el azúcar como lluvia, poco a poco y sin dejar de batir.

Cubrir los alfajores y dorar en horno fuerte.

Tortitas negras

Ingredientes

3 tazas de harina
2 cucharadas de polvo para hornear
1 cucharadita de sal
Leche, cantidad necesaria
1 taza de azúcar negra
150 g de manteca

Preparación

Formar una corona con la harina, la sal y el polvo para hornear.
En el centro, colocar la manteca y deshacerla con el tenedor.
Agregar dos cucharadas de leche (o más, de ser necesario) y mezclar con una cuchara de madera.
Echar la masa sobre una superficie enharinada y aplastarla hasta alcanzar un espesor de 2 cm.
Cortar medallones y colocarlos en una placa, enmantecada y enharinada, una junto a otra (bien pegaditas).
Espolvorear con abundante harina, cubriendo muy bien los espacios libre entre discos.
Con un pincel de cocina barrer la superficie, pintar con leche y espolvorear con azúcar negra.
Presionar ligeramente con los dedos.
Llevar a horno precalentado, bien caliente, y cocinar durante 15 minutos.

Dulce de leche casero

Ingredientes

3 litros de leche
1 chaucha de vainilla (ó 2 cucharadas de esencia de vainilla, al final de la cocción)
1/2 cucharada de bicarbonato de sodio
800 g de azúcar

Preparación

Verter en una cacerola la leche. Incorporar entonces el azúcar y la chaucha de vainilla (abierta a lo largo para que suelte sus semillas).
Llevar a fuego bajo y revolver constantemente para que el azúcar se disuelva y no se pegue en el fondo de la cacerola.
En cuanto espese un poquitito añadir el bicarbonato.
La preparación tomará un color marrón. Cuando su textura sea similar a la de una salsa blanca fluida retirar de la llama y dejar enfriar.

IMPORTANTE: tenga presente que, caliente, la preparación será mucho más chirle que cuando esté a temperatura ambiente o fría.

Nuestra tierra

...y sus leyendas

Leyenda de la yerba mate

Como toda planta que ha resultado bienhechora o agradable al hombre en algún sentido, la yerba mate llegó a los conquistadores adornada con las leyendas de las tribus indígenas que la cultivaban y saboreaban el producto de sus hojas.

Así, según una poética leyenda guaraní, la Luna y Araí, la nube, quisieron pasear por la selva, habiendo adoptado para ello la forma humana. Pero, de pronto, se vieron atacadas por un jaguar. Cuando éste se hallaba a punto de saltar sobre ellas surgió un cazador indígena que lo ultimó, salvándolas. Agradecidas, las diosas le obsequiaron la caá, la yerba.

Según otra leyenda indígena, fue Tupá, genio del bien, quien la otorgó, en reconocimiento por sus atenciones, a Yará, un anciano muy pobre pero muy hospitalario y a su hija Yarí, quienes lo albergaron y alimentaron cuando erraba por el salvaje y solitario corazón de la selva. La planta que hizo brotar para ellos les serviría para agasajar a quienes los visitaran y para aliviar su soledad en medio de la selva. Yarí, la joven bondadosa, habría de convertirse en su diosa protectora y daría su nombre a la yerba que se denominó la caá-yarí.

Cada uno sabe dónde le aprieta el zapato.

Con la custodia del anciano Yará y de la bella Yarí, el arbusto se multiplicó y nacieron los yerbatales que llevaron el don milagrero de sentir acompañada la soledad y de prodigar la amistad entre las tribus indígenas a cuya vera brotaran.

Aún hoy los obreros de los yerbatales se refieren a apariciones de una bella joven a la que invocan como Caá-yarí en el Paraguay y Caá-ri en la Argentina, y a la que llaman "dueña de la yerba".

La leyenda del ceibo

Anahí, una india guaraní, ruda y fea pero poseedora de una voz dulcísima, era reina de una tribu que los blancos no habían podido vencer (pues su reina, valerosa y amante de la libertad como los pájaros, conducía a los indígenas al combate contagiándoles su ardor y su indomable rebeldía).

Un día quiso la fatalidad que fuera tomada prisionera y condenada a morir en la hoguera. Atada al madero en el que se la sometería a la quema, su cuerpo mostraba rojas manchas de sangre, producto de la tortura.

Ojos que no ven,
corazón que no siente.

Cuando las llamas comenzaron a lamer el cuerpo de Anahí, se vio que éste se retorcía y se iba convirtiendo en un tronco del que brotaron ramas en las que se abrían extrañas y bellas flores rojas: había nacido el ceibo, que protege con punzantes espinas sus hermosas flores rojas que representan el alma indomable de la raza guaraní.

La flor del ceibo o seibo se convirtió en la flor nacional de la Argentina, como símbolo de la rebeldía nativa anidada en la raza aborigen y que los patriotas que nos dieron nacionalidad reivindicaban como suya.

La leyenda de la flor del irupé

El irupé, esa bella planta acuática que flota sobre las aguas tranquilas de los ríos y lagunas de nuestra Mesopotamia, debe su origen, según la leyenda, a un acto de profundo amor.

Quien mal anda, mal acaba.

Una hermosa doncella indígena se había enamorado de la luna y deseaba llegar hasta ella para consumar su amor. Las noches en que el astro brillaba, la joven se postraba suspirando por su amor sin esperanzas, mientras la contemplaba amorosamente esparcir su claridad desde la altura.

Un día, llevada por la fuerza de su pasión, la doncella decidió buscar los medios para acercarse a su amante celestial. Comenzó por subirse a los más altos árboles de la selva, tendiendo inútilmente sus brazos hacia el objeto de su amor. Luego trepó fatigosamente a una alta montaña para esperar su paso y tratar de alcanzarla; pero su esfuerzo resultó vano.

De regreso en su valle, comenzó una extenuante caminata para tratar de llegar a la línea del horizonte, desde la que pensaba que le sería más fácil alcanzar su objetivo. Pero por más que anduvo hasta que sus pies sangraron, la línea del horizonte siempre se mantenía alejada.

Desalentada, volvió a su doliente contemplación cuando, una noche, vio que el astro se reflejaba en las aguas de un lago. Y lo vio tan cerca que creyó poder tomarlo entre sus brazos. Sin pensarlo siquiera se arrojó a las aguas profundas y aprisionó entre sus brazos sólo la ilusión, representada por la imagen reflejada. Y las aguas se cerraron sobre ella y su sueño irrealizable.

A mal tiempo, buena cara.

Pero el dios Tupá, compadecido y admirado por la fuerza de ese amor, la rescató del fondo cenagoso convirtiéndola en el irupé, la planta acuática cuyas hojas tienen la forma del disco lunar y cuya hermosa flor blanca, que se torna rojiza, como si del amor traspasara a la pasión, parece mirar hacia lo alto en búsqueda de ese amor inalcanzable.

El pombero

¡Cuidado, cuidado!
que viene el Pombero,
paseando a la siesta
con su gran sombrero.
¡No salgas! ¡No salgas!
ya llega el Pombero,
a cuidar los pájaros
bajo el sol de enero.

El Pombero es el más temido de los duendes de la región guaraní, y es, allí, el cuco de los niños.

Este duende, cuyo nombre proviene de pomberiar, es decir, espiar, es el protector de los pájaros. Él espía y persigue a quien daña a los pájaros, y silba, remedando el canto de estas aves. Como no hace ruido al caminar, suele recibir el nombre guaraní de Py-ragüé, es decir, "pies emplumados" o "pies velludos".

Una mano lava a la otra
y las dos lavan la cara.

Según la tradición más aceptada, se trata de un hombre negro, petiso, peludo y muy feo, una especie de enano fornido y mal engestado, que se presenta siempre cubierto por un sombrero de paja de enorme ala y su fuerza es tan extremadamente grande que nadie lo puede vencer.

Otras versiones legendarias lo presentan como un hombre muy alto y flaco pero siempre temible; y algunas otras, como un duende proteico (es decir, que puede tomar cualquier forma o aun hacerse invisible).

El Pombero recorre durante el día el monte con una caña en la mano y con ella castiga a los niños que encuentra cazando pájaros; luego los aprisiona y los abandona atontados o hasta llega a matarlos, chupándoles la sangre. Y por la noche continúa con sus recorridas, pero esta vez para castigar a los niños que persiguen a los cocuyos o bichitos de luz.

Sarna con gusto no pica,
pero mortifica.

Pero se puede lograr la amistad del Pombero si se le obsequia con su vicio: el tabaco, pues no sólo le gusta fumar sino también mascar tabaco negro junto con sus alimentos preferidos que son los huevos frescos y la miel del monte. Por esta afición a fumar y mascar tabaco se lo suele llamar Mascadita y, para que ayude a hallar un objeto perdido se lo conjura así:

¡Pomberito, Pomberito,
si me lo haces encontrar
yo te ofrezco un tabaquito!

La Pachamama

Pachamama significa "Madre de la Tierra" o, mejor aún, "Tierra Madre".

Esta deidad de origen aymara se popularizó en todas las regiones dominadas por los incas, pasando a formar parte de la mitología quechua, y su culto todavía hoy perdura en el Noroeste argentino.

Se la representa como una india petisa y cabezona, con sombrero aludo y enormes pies calzados con ojotas. Tiene una víbora como lazo, y la acompaña un quirquincho. Puede llevar petacas con oro y plata para favorecer a aquellos que están en su gracia, mientras que envía el trueno y la tormenta a los que la enojan.

La Pachamama protege a los hombres, madura los frutos, multiplica el ganado, favorece la caza y puede conjurar el apunamiento, enfermedades, heladas y plagas.

Diosa sumamente protectora, es adorada con reverencia y se le rinde culto en las apachetas, cúmulo de piedras generalmente armado en los cerros, a orillas de los caminos o en las encrucijadas, y en el que se depositan ofrendas que consisten en un acullico o bollito de coca, chicha u otra bebida fermentada o algún cigarro. Lo más común es, antes de beber la chicha, volcar un poco en un hoyo de la tierra.

Nunca falta un roto para un descosido.

El 1 de agosto se realiza una gran fiesta en su honor, llamada "la Corpachada".

Coquena

Coquena es un duende de los valles calchaquíes, divinidad protectora de las llamas, las vicuñas y los guanacos.

Se lo representa como un enano de rostro cobrizo con rasgos indígenas, vestido con casaca y calzón, tocado con un gorro tejido con lana de vicuña y calzado con diminutas ojotas.

Gran mascador de coca, recorre los cerros silbando, pero tratando siempre de ocultarse de las miradas de los hombres.

Vigila constantemente los rebaños de llamas, vicuñas o guanacos y, cuando los halla sin pastor, los arrea por su cuenta a los valles de mejores pastos.

Por su empeñoso ocultamiento, es raro encontrarse con Coquena y, si se logra, la visión de este duende es fugaz, pues inmediatamente se transforma en un espíritu.

Su presencia puede acarrear el bien o el mal a quien lo descubre, pues puede otorgar riquezas pero también castigar duramente. Así como premia con monedas de oro a los buenos pastores, pena a los arrieros que cargan demasiado a las pacientes llamas. Pero sus mayores enemigos, a los que persigue tenazmente y propina terribles castigos, son los cazadores que atacan con armas de fuego a guanacos y vicuñas, (ya que los indígenas sólo cercaban con hilo punzó la majada, para extraerles el fino vellón de su lana).

Cuando la limosna es grande, hasta el santo desconfía.

La leyenda del ombú

Cuentan que un día los indígenas de una tribu pampeana, al terminar la siembra del maíz, festejaron el acontecimiento alegremente con cantos y danzas dedicados a la tierra.

Y los hombres se esmeraron en cuidar aquel cultivo que les daría una vida más dichosa, sin depender para su sustento sólo de la caza y de la pesca.

Pero entonces, les llegaron nuevas de que una tribu enemiga venía hacia ellos en son de guerra, y los hombres se armaron y partieron para atajarlos y así defender sus dominios.

Antes de partir encomendaron a los ancianos que quedaban y a las mujeres el cuidado de la siembra, encareciéndoles mucho el valor que la cosecha del maíz tendría para el pueblo todo. El cacique fue el que lo recomendó con más insistencia y sobre todo a Ombi, su buena esposa.

Quien canta,
sus penas espanta.

Ombi se dedicó afanosamente a cuidar su sembrado, y pudo considerarse dichosa cuando vio aparecer los primeros tallos, a flor de tierra. Entusiasmada, cuidaba aquellas tiernas plantitas con todo esmero, removiendo la tierra a su alrededor, arrancando los yuyos y acarreando agua del arroyo para mantener la humedad necesaria para el crecimiento. Pero entonces una gran sequía azotó la región, tan intensa que ríos, arroyos y lagunas se secaron pues las nubes que les podían proveer de agua habían desaparecido, y desde el límpido cielo, el sol arrojaba sus rayos a la tierra, resquebrajándola y secando las plantas.

Ombi veía desesperada cómo, a pesar de sus cuidados y de la poca agua que podía trabajosamente traer de lugares cada vez más lejanos, el maizal iba muriendo día a día.

Entonces en la pampa no había árboles y sólo en los toldos podían resguardarse los indígenas del sol o de la lluvia. Pero Ombi ya casi no se llegaba a su toldo, afanosa en cuidar las últimas plantitas de su sembrado. Y así, los ancianos y las mujeres de la tribu la veían envejecer rápidamente, con su piel cuarteada por las quemaduras del sol, y su cabello, desgreñado y cubierto por el polvo, elevado por el viento sofocante.

El vivo vive del zonzo y el zonzo de su trabajo.

Un día, la triste Ombi comprobó que sólo una planta quedaba con vida en todo el sembradío. Entonces se arrodilló junto a ella para protegerla con su sombra y regarla con sus lágrimas.

Cuando las gentes de la tribu fueron a buscarla, no hallaron en el lugar sino una robusta hierba gigantesca, con forma de árbol coposo, que resguardaba con su sombra la solitaria plantita que daría las semillas salvadoras para una nueva siembra.

Esa hierba creció hasta mostrarse como un árbol de robusto tronco y enorme copa, y recibió entonces el nombre de ombú, en recuerdo de la abnegada Ombi, a quien los dioses habían transformado en ese gigante árbol bienhechor que daría sombra y amparo al hombre de la llanura pampeana.

Las sierras del Tandil

Era al principio de los tiempos. El Sol y la Luna eran marido y mujer: dos buenos dioses gigantes que iluminaban la vida de los seres vivientes, hacían crecer a las plantas y otorgaban mayor belleza a la naturaleza.

El dorado Sol era dueño de la vida y de la muerte, y la plateada Luna era señora de la paz y la serenidad.

Mirando la tierra reseca, la cubrieron de pastos y de florecillas y así crearon la llanura, que era la lisa alfombra verde por la que podían pasear. Y luego crearon las lagunas, en las que se refrescaban después de sus largos paseos.

Cansados de pasear en soledad, poblaron las lagunas de peces; el aire, de aves, y la tierra, de animales.

Por último pensaron en que alguien debía cuidar de esa creación terrenal y crearon a los hombres.

Terminada su obra, decidieron marcharse a sus dominios celestiales, pero sin desamparar a sus hijos humanos, por los que velarían desde el cielo.

Habiendo mate y cueva, déjale que llueva.

Transcurrió así un largo tiempo de felicidad. Pero un día los hombres notaron con temor que el sol palidecía: algo así como una gran nube oscura, un puma alado, había atacado al Sol y se proponía destruirlo a zarpazos.

Entonces los más valientes cazadores indígenas tomaron sus arcos y flechas, y de a miles fueron arrojadas hacia el enorme puma, al que no lograban destruir sino enfurecer cada vez más.

Por fin, una flecha dio en el blanco justo, atravesando a la fiera de parte a parte y ésta cayó a la tierra, pero no muerta sino sólo inválida y atronando el contorno con sus rugidos.

El Sol, ya a salvo, comenzó a brillar más que nunca y así transcurrió el día. Al llegar la noche y aparecer la Luna, ésta se compadeció del feroz puma y le fue arrojando piedras para que muriera y así cesara su dolor. Las piedras lo fueron cubriendo y fueron tan enormes y tantas que formaron sobre la llanura las sierras que hoy llamamos de Tandil, donde quedó enterrado el espíritu del mal.

Más vale trote que dure y no galope que canse.

Pero cuando el Sol se paseaba por la tierra, ese espíritu que se negaba a morir, se estremecía de rabia y hacía oscilar una gran piedra en una de las sierras.

Y un día, el Sol decidió que debía cesar el martirio del puma. La caída de la piedra movediza fue la señal de que la fiera ya descansaba en paz.

Gualicho

Gualicho o Hualichu o Huevucú es el genio del mal de la mitología araucana, el cual, desde la Patagonia, pasó a la llanura pampeana donde "echar un gualicho" es hacer un mal por brujería.

Es éste un genio invisible al que se atribuyen todo género de males y por eso, cuando una persona sufre de una extraña enfermedad o de difícil cura, o se duele por un amor no correspondido, se dice que "está engualichada".

Aunque puede dañar a todos los seres, humanos o animales, le gusta sobre todo introducirse en las viejas a las que provoca toda clase de achaques molestos y dolorosos.

A este diablo terrible que se complace en hacer daño se lo contiene cumpliendo con el sagrado deber de la limosna, pues tiene emisarios disfrazados de mendigos, los cuales imploran la caridad, y si les es negada la limosna o se los desprecia, se vengan en las criaturas, dándoles "oñapué" o veneno, para hacer derramar lágrimas de dolor a los padres.

Sobre llovido, mojado.

Con el objeto de alejarlo de la población, los hombres suelen montar a caballo y, entre gritos estridentes, se dedican a azotar el aire con ponchazos, puñetazos, tajos, estocadas y golpes producidos por cuchillos, hierros, lanzas, boleadoras o cuanto objeto contundente o instrumento ofensivo tengan a mano.

El cristianismo lo asimiló al diablo o a uno de sus principales demonios.

Nuestra tierra

...y su literatura

La literatura argentina, desde sus orígenes, ha incorporado al texto imaginativo la realidad de sus paisajes y de su historia patria, quizá como un imperativo de su nombre, surgido precisamente de una obra literaria de la época de la conquista: *La Argentina*, del arcediano Martín del Barco Centenera.

Y es también este clérigo poeta quien nos deja las primeras impresiones del paisaje de nuestro país, como la estrofa en que recuerda el pavor que provoca el magnífico salto que conocemos como cataratas del Iguazú.

Yo propio lo he oído a naturales,
tratando de este salto y su grandeza
que temen con temores desiguales.
De oír aquel sonido y su braveza,
las aves huyen de él, las fieras bravas
en oyendo su estruendo sin pereza
caminan no parando apresuradas
y con temor las colas enroscadas.

El nombre de la Argentina resulta fijado efectivamente por influjo de dos obras poéticas de uno de sus primeros autores nacionales, Vicente López y Planes, quien tituló a una de ellas, un extenso poema épico en homenaje a la victoria sobre los invasores ingleses, *Triunfo Argentino* y en la otra, que llegó a ser nuestro *Himno Nacional*, anunció:

Se levanta a la faz de la tierra
una nueva y gloriosa Nación...

Y proclamó con júbilo patriota:

¡Al gran pueblo argentino, salud!

Pero la que sería una nueva nación no había tenido un nacimiento jubiloso. Desde su origen la había marcado la tragedia. El nacimiento de lo que sería la capital de la futura República Argentina quedó marcado por un luctuoso acontecimiento que retardaría su fundación: la destrucción del emplazamiento del Puerto de Santa María de los Buenos Aires y Ciudad de la Santísima Trinidad, por la hambruna y el incendio producido por el cerco y guerra de los indígenas a la expedición conquistadora de don Pedro de Mendoza, la más importante y lujosa que había llegado hasta entonces a la América.

De ese acontecimiento tenemos dos interesantes documentos: un romance del clérigo de la expedición, Luis de Miranda, que lo narra, y una carta de Isabel de Guevara, una de las mujeres que también vivió aquellos horrores y narra la heroicidad femenina en aquellos momentos en que aún los más hombres habían caído en flaqueza. Y resultó carta de más alta literatura la de la humilde mujer de un soldado, que la del clérigo poeta.

Presentemos algo de lo relatado en su romance por Miranda, quien resultó ser el primero que escribió directamente sobre lo que sería luego el territorio argentino. Pero él no trata con amor a esa tierra sino que la tilda de cruel comparándola con una mala hembra.

Trabajos, hambres y afanes,
nunca nos faltó en la tierra
y así nos hizo la guerra,
la cruel.

Y describiendo la desesperación de las gentes hambrientas dice:

Las cosas que allí se vieron,
no se han visto en escritura...

Ese cuadro fundador es el que va a pintar en un relato estremecedor, "El hambre", en su libro *Misteriosa Buenos Aires*, Manuel Mujica Láinez. Esas escenas de que han dejado testimonio para la posteridad los que vivieron el horror, Miranda y Barco Centenera, se completan mostrando la odisea de las mujeres del fuerte, narrada por una de ellas, Isabel de Guevara, en una carta ya célebre. Y esa carta inspiró al poeta Luis Cané algunas de las estrofas más emocionadas de su romance *Puerto de Buenos Aires*:

Mujeres que vinieron
para poblar la tierra
de hijos que aprovecharan
la soñada riqueza,
comparten con los hombres
la lucha y la miseria.
Y cuando todos ellos
han venido en flaqueza
redobla en las mujeres

hecha fervor la fuerza
y los cuidan tal cual
sus propios hijos fueran.

Ellas rondan los fuegos,
la leña traen a cuestas,
curan a los heridos,
preparan las ballestas,
ponen fuego en los versos,
hacen de centinela,
dan las voces de alarma,
guisan y sargentean.

...Del dolor de sus almas
sacan sonrisa afuera,
y si lloran a solas
que los hombres no sepan.

¡Quién sabe qué sería
si no fuese por ellas!

Eso en cuanto a la historia. En cuanto al paisaje, uno de los primeros poemas que ven la luz pública es la *Oda al Río de la Plata*, de Labardén, aun cuando nuestro gran río resulta muy exótico ya que se lo puebla, al modo neoclásico, de sirenas y dioses marinos. Veamos cómo adorna a nuestro río color de león:

Augusto Paraná, Sagrado Río,
primogénito ilustre del Océano,
que en el carro de nácar refulgente
tirado de caimanes, recamados
de verde y oro, vas de clima en clima,
de región en región vertiendo franco
suave frescor, y pródiga abundancia.

En cuanto a los poetas que surgieron después de la Revolución de Mayo, dedicaron sus liras a acompañar composiciones patrióticas, casi todas en homenaje a los triunfos militares de la revolución y más tarde, ya en la época rivadaviana, a las conquistas sociales y a las invenciones útiles a la humanidad que se iban implantando en el país. El más destacado de los vates del Cancionero de Mayo fue Juan Cruz Varela, quien no dejó de rendir un sentido homenaje a las mujeres de su tierra:

Buenos Aires soberbio se envanece
con las hijas donosas
de su suelo feliz, y tal parece
que del amor en la estación florece.
Todas son bellas, y la mano incierta
que al rosal se adelanta,
una entre mil a separar no acierta
entre la pompa de la verde planta.

Como ejemplo de esta poesía de hondo contenido patriótico, que hoy se lee en parte como documento histórico, veamos una nómina de algunos de los poemas de este tipo de Varela: *Al triunfo de nuestras armas en los llanos de Maipú, A San Martín, A Balcarce, En la muerte del general Belgrano, A la libertad de Lima, Al triunfo de Ayacucho, Al triunfo de Ituzaingó* y los varios dedicados *Al aniversario del 25 de Mayo*, de los cuales el más vibrante es el escrito en el exilio en 1838, poco antes de su muerte.

Clama en él:

¡Oh Dios! No supimos vivir como hermanos;
de la dulce patria nuestras mismas manos
las tiernas entrañas osaron romper;
¡y por castigarnos, al cielo le plugo
hacer que marchemos uncidos al yugo
que oscuro salvaje nos quiso imponer!

...¡Hijos de mi Patria! Levantad la frente
...y mostrad al mundo que no tiene dueños
el pueblo que en Mayo gritó: ¡LIBERTAD!

Ese intenso dolor que expresara Varela, fue el que acompañó a la siguiente generación literaria, la de los románticos que en nuestro país fueron llamados *los proscriptos*, pues se vieron obligados a abandonar su patria y su obra fue por tanto realizada en otros países, sobre todo en los de su contorno americano.

El romanticismo traído desde su reciente triunfo en Francia a nuestras letras por Esteban Echeverría, buscará el exotismo propio de esa escuela en el indígena, salvaje señor de la pampa, al que nos presenta el poeta en los versos de su poema "La cautiva" que comienza con la evocación de un atardecer en la inmensa llanura argentina a la que llama con justicia el desierto:

Era la tarde y la hora
en que el sol la cresta dora
de los Andes. El desierto
inconmensurable, abierto
y misterioso a sus pies
se extiende, triste el semblante,
solitario y taciturno
como el mar, cuando un instante
el crepúsculo nocturno
pone rienda a su altivez.
Gira en vano, reconcentra
su inmensidad, y no encuentra
la vista, en su vivo anhelo,
do fijar su fugaz vuelo,
como el pájaro en el mar.
Doquier campo y heredades
del ave y bruto guaridas;
doquier cielo y soledades
de Dios sólo conocidas,
que Él solo puede sondar.

Desgarrada por la guerra civil, la Argentina mostraría al mundo una literatura en cierto modo panfletaria, pues presentó cuadros imborrables del desquicio de una sociedad, tales como el terrible del relato echeverriano *El Matadero*, las páginas llenas de vigor y denuncia de Sarmiento en su *Facundo* o la novela de Mármol, *Amalia,* representación vívida del Buenos Aires de la época rosista y su *Canto de los proscriptos*.

La vívida descripción del matadero porteño realizada por Echeverría se aparta totalmente de la idealización romántica, que sólo se nos hace presente en la figura del protagonista, el joven unitario víctima de la brutalidad y el fanatismo de un grupo de mazorqueros, siniestros personajes del rosismo reclutados en gran parte entre los matarifes.

Veamos simplemente, como cuadro de época, dos fragmentos con la descripción del escenario en que se va a desarrollar la trágica escena.

"El matadero de la Convalescencia o del Alto, sito en las quintas del sur de la ciudad, es una gran playa en forma rectangular colocada al extremo de dos calles, una de las cuales allí se termina y la otra se prolonga hacia el este. Esta playa con declive al sur, está cortada por un zanjón labrado por la corriente de las aguas pluviales, en cuyos bordes laterales se muestran innumerables cuevas de ratones y cuyo cauce recoge, en tiempo de lluvia, toda la sangraza seca o reciente del matadero.

"La perspectiva del matadero a la distancia era grotesca, llena de animación. Cuarenta y nueve reses estaban tendidas sobre sus cueros y cerca de doscientas personas hollaban aquel suelo de lodo regado con la sangre de sus arterias. En torno de cada res resaltaba un grupo de figuras humanas de tez y raza distintas. La figura más prominente de cada grupo era el carnicero con el cuchillo en mano, brazo y pecho desnudos, cabello largo y revuelto, camisa y chiripá y rostro embadurnados de sangre. A sus espaldas se rebullía caracoleando y siguiendo los movimientos una comparsa de muchachos, de negras y mulatas achuradoras, cuya fealdad trasuntaba las arpías de la fábula, y entremezclados con ella algunos enormes mastines olfateaban, gruñían o se daban de tarascones por la presa. Cuarenta y tantas carretas toldadas con negruzco y pelado cuero se escalonaban irregularmente a lo largo de la playa y algunos jinetes con el poncho calado y el lazo prendido al tiento, cruzaban por entre ellas al tranco, o reclinados sobre el pescuezo de los caballos echaban ojo indolente sobre uno de aquellos animados grupos, al paso que más arriba, en el aire, un enjambre de gaviotas blanquiazules que habían vuelto de la emigración, al olor de la carne revoloteaban cubriendo con su disonante graznido todos los ruidos y voces del matadero y proyectando una sombra clara sobre aquel campo de horrible carnicería."

No menos estremecedora y sangrienta es la escena que se nos presenta en el primer capítulo de la novela *Amalia* de José Mármol, titulado "Traición", aunque esta vez, para hacer más trágica la situación, la sangre que corre es de seres humanos. Veamos el fragmento en que unos jóvenes que van a emigrar clandestinamente a Montevideo son entregados a traición a los represores de la siniestra Mazorca, escena que, si no en forma idéntica de realización, sí terminó similarmente con la muerte verdadera de esos jóvenes cuyo nombre ha conservado la historia patria: Riglos, Lynch, Maissón, Oliden, mientras la historia literaria conserva el del personaje de ficción, el protagonista a quien su autor llamó Daniel Belgrano.

"Las miradas de todos se sumergieron en la oscuridad, buscando en el río la embarcación salvadora, mientras que Merlo, el guía, parecía que la buscaba en tierra, pues que su vista se dirigía hacia Barracas, y no a las aguas donde estaba clavada la de los prófugos.

–No está –dijo Merlo–, no está aquí, es necesario caminar algo más.

La comitiva lo siguió, en efecto; pero no llevaba dos minutos de marcha cuando el coronel Lynch, que iba en por de Merlo, divisó un gran bulto a treinta o cuarenta varas de distancia, en la misma dirección que llevaban; y en el momento en que se volvía a comunicarlo a sus compañeros, un ¡quién vive! interrumpió el silencio de aquellas soledades, llevando un repentino pavor al ánimo de todos.

–No respondan: yo voy a adelantarme un poco a ver si distingo el número de hombres que hay –dijo Merlo, que sin esperar respuesta, caminó algunos pasos primero, y tomó en seguida una rápida carrera hacia las barrancas, dando al mismo tiempo un agudo silbido.

Un ruido confuso y terrible respondió inmediatamente a aquella señal: el ruido de una estrepitosa carga de caballería, dada por cincuenta jinetes, que en dos segundos cayeron como un torrente sobre los desgraciados prófugos.

El coronel Lynch apenas tuvo tiempo para sacar de su bolsillo una de las pistolas que llevaba, y antes de poder hacer fuego, rodó por tierra al empuje violento de un caballo.

Maissón y Oliden pueden disparar un tiro de pistola cada uno, pero caen también como el coronel Lynch.

Riglos opone la punta de un puñal al pecho del caballo que lo atropella, pero rueda también a su empuje irresistible, y caballo y jinete caen sobre él. Este último se levanta al instante y su cuchillo, hundiéndose tres veces en el pecho de Riglos hace de este infeliz la primera víctima de aquella noche aciaga. Lynch, Maissón, Oliden, rodando por el suelo, ensangrentados y aturdidos bajo las herraduras de los caballos, se sienten pronto asir por los cabellos, y que el filo del cuchillo busca la garganta de cada uno, al influjo de una voz aguda e imperante, que blasfemaba, insultaba y ordenaba allí: ¡los infelices se revuelcan, forcejean, gritan, llevan sus manos, hechas pedazos ya, a su garganta para defenderla!... ¡todo en vano!... El cuchillo mutila las manos, los dedos caen, el cuello es abierto a grandes tajos y en los borbollones de la sangre se escapa el alma de las víctimas a pedir a Dios la justicia debida a su martirio.

Tal es el ominoso reflejo, en nuestra literatura, de nuestras luchas civiles que ensangrentaron al país casi durante todo el siglo XIX. Pero tras ella surgiría la Nación Argentina, hecha estado por obra de la Constitución, cuya simiente se halla en el *Dogma Socialista* del poeta Echeverría. Y que se abre con el hermoso preámbulo: "Nos, los representantes de la Nación Argentina, reunidos en Congreso General Constituyente, por voluntad y elección de las provincias que la componen...", en el que ofrece generoso asilo en nuestra tierra "...a todos los hombres del mundo que quieran habitar el suelo argentino..."

Ese suelo que Sarmiento, con su genial prosa, había descripto así en su *Facundo*:

"La parte habitada de este país privilegiado en dones y que encierra todos los climas, puede dividirse en tres fisonomías distintas, que imprimen a la población condiciones diversas, según la manera como tiene que entenderse con la naturaleza que la rodea. Al Norte, confundiéndose con el chaco, un espeso bosque cubre con su impenetrable ramaje extensiones que llamaríamos inauditas si en formas colosales hubiese nada inaudito en toda la extensión de la América. Al centro, y en una zona paralela, se disputan largo tiempo el terreno la pampa y la selva; domina en parte el bosque, se degrada en matorrales enfermizos y espinosos, preséntase de nuevo la selva a merced de algún río que la favorece, hasta que al fin, al sur, triunfa la pampa y ostenta su lisa y velluda frente, infinita, sin límite conocido, sin accidente notable: es la imagen del mar en la tierra; la tierra como en el mapa; la tierra aguardando todavía que se la mande producir las plantas y toda clase de simiente.

....

"El mal que aqueja a la República Argentina es la extensión; el desierto la rodea por todas partes y se le insinúa en las entrañas; la soledad, el despoblado sin una habitación humana son por lo general los límites incuestionables entre unas y otras provincias. Allí, la inmensidad por todas partes; inmensa la llanura, inmensos los bosques, inmensos los ríos, el horizonte siempre incierto, siempre confundiéndose con la tierra entre celajes y vapores tenues que no dejan en la lejana perspectiva señalar el punto en que el mundo y acaba y principia el cielo."

Esa es la llanura sin cultivos ni ciudades donde va a señorear el gaucho, el hombre rudo y solitario de nuestra campaña, desdeñado como vagabundo en los tiempos coloniales, sufrida carne de cañón en los ejércitos patrios, fanático seguidor de caudillos a los que admiraba por su valor, los que siguiendo a Güemes defendieron la frontera norte salvando nuestra independencia, y que con algunos otros fueron instrumentos de anarquía y luego víctimas del abandono de los gobiernos constituidos.

Tal el gaucho, el personaje que llega a cobrar entre nosotros perfiles míticos y que el mismo Sarmiento nos describe en cuatro cuadros de notable garra literaria: "El rastreador", "El baqueano", "El cantor" y "El gaucho malo".

Nos dice del rastreador, del paisano cuyo poder de observación, cuya vista y cuya sagacidad lo convierten en el pesquisa natural más extraordinario que pueda concebirse:

"Todos los gauchos del interior son rastreadores... Esta es una ciencia casera y popular. El rastreador es un personaje grave y circunspecto, cuyas aseveraciones hacen fe en los tribunales inferiores. La conciencia del saber que posee le da cierta dignidad reservada y misteriosa. Todos le tratan con consideración..."

Y luego, del baqueano:

"El baqueano es un gaucho grave y reservado, que conoce palmo a palmo veinte mil leguas cuadradas de llanura, bosques y montañas. Es el topógrafo más completo, es el único mapa que lleva un general para dirigir los movimientos de su campaña. El baqueano va siempre a su lado. Modesto y reservado como una tapia, está en todos los secretos de la campaña; la suerte del ejército, el éxito de una batalla, la conquista de una provincia, todo depende de él.

....

"El baqueano anuncia también la proximidad del enemigo; esto es, diez leguas, y el rumbo por donde se acerca, por medio del movimiento de los avestruces, de los gamos y guanacos que huyen en cierta dirección.

....

"Si los cóndores y cuervos revolotean en un círculo del cielo, él sabrá decir si hay gente escondida, o es un campamento recién abandonado, o un simple animal muerto."

También el gaucho malo, es un personaje muy especial

"Llámanle el gaucho malo sin que este epíteto lo desfa-

vorezca del todo. La justicia lo persigue desde muchos años; su nombre es temido, pronunciado en voz baja, pero sin odio y casi con respeto. Es un personaje misterioso; mora en la pampa, son su albergue los cardales; vive de perdices y mulitas. Y si alguna vez quiere regalarse con una lengua, enlaza una vaca, la voltea solo, la mata, saca su bocado predilecto y abandona lo demás a las aves montecinas.

....

"De repente se presenta el gaucho malo en un pago de donde la partida acaba de salir; conversa pacíficamente con los buenos gauchos, que lo rodean y admiran; se provee de los 'vicios' y si divisa la partida, monta tranquilamente en su caballo, y lo apunta hacia el desierto sin prisa, sin aparato, desdeñando volver la cabeza."

Pero la campaña no es sólo lucha y guerra, es también belleza poética y ésta la aporta el cantor:

"El gaucho cantor es el mismo bardo, el vate, el trovador de la Edad Media...

....

"El cantor anda de pago en pago, 'de tapera en galpón', cantando sus héroes de la pampa perseguidos por la justicia, los llantos de la viuda a quien los indios robaron sus hijos en un malón reciente, la derrota y la muerte del valiente Rauch, la catástrofe de Facundo Quiroga y la suerte que cupo a Santos Pérez. El cantor está haciendo candorosamente el mismo trabajo de crónica, costumbres, historia y biografía que el bardo de la Edad Media

....

"El cantor mezcla, entre sus cantos heroicos, la relación de sus propias hazañas."

¿No aparecen ya, en estos bosquejos biográficos, los lineamientos del gran poema gauchesco que se deberá a la inspiración de José Hernández, el *Martín Fierro*? Este poema, al que llamamos "la Biblia Gaucha", transformará a este personaje de nuestra campaña, que ya en ese entonces está desapareciendo, en un personaje mítico argentino.

Martín Fierro, el protagonista de la odisea gauchesca que nos revela el poema, se nos presenta como el gaucho cantor:

Aquí me pongo a cantar
al compás de la vigüela,
que al hombre que lo desvela
una pena estraordinaria
como el ave solitaria
con el cansar se consuela.
....
Yo no soy cantor letrao
mas si me pongo a cantar
no tengo cuando acabar
y me envejezco cantando:
las coplas me van brotando
como agua de manantial.

En su crítica al gringo, al extranjero que no domina los secretos de la vida de la pampa, ni soporta su rudeza con el estoicismo del gaucho, sale a relucir su ciencia de baqueano:

Pa' vichar son como ciegos
ni hay ejemplo de que entiendan,
no hay uno solo que aprienda,
al ver un bulto que cruza,
a saber si es avestruza,
o si es jinete o hacienda.

Tras la serie de sus desdichas que comienzan cuando en la leva forzosa lo llevan a la frontera, y que lo convierten en desertor y por su vida errante, en autor de dos muertes en duelo criollo, Martín Fierro pasa a asemejarse a la semblanza del gaucho malo. Ha sufrido la pérdida de su mujer y de sus hijos y se ha quedado sin hogar. Y tras esas muertes ya no puede reintegrarse ni siquiera a la tapera en que se ha convertido su rancho. Y así nos dice:

Monté y me encomendé a Dios,
rumbiando para otro pago,
que el gaucho que llaman vago
no puede tener querencia
y ansí, de estrago en estrago,
vive yorando la ausencia.

Él anda siempre juyendo,
siempre pobre y perseguido;
no tiene cueva ni nido,
como si juera maldito;
porque el ser gaucho... ¡barajo!
el ser gaucho es un delito.

El sentimiento de la amistad lo ennoblece, y trae paz a su vida errante, pero la soledad en que lo deja la muerte de su amigo Cruz lo hará reconcentrarse en sí mismo y de ese nuevo gran dolor surgirá el paisano reflexivo y filósofo de su famosa payada con el moreno, y su actitud de padre que aconseja a los hijos y de viejo que alecciona a sus paisanos. Y así lo escucharemos decir sentenciosamente:

Hay hombres que de su cencia
tienen la cabeza llena,
hay sabios de todas menas,
mas digo, sin ser muy ducho,
es mejor que aprender mucho
el aprender cosas buenas.

Y aún hoy nos sigue amonestando:

Los hermanos sean unidos
porque ésa es la ley primera,
tengan unión verdadera
en cualquier tiempo que sea,

porque si entre ellos pelean
los devoran los de ajuera.

Otro gaucho, éste sí de existencia real y fama entre el paisanaje, pero transformado en mito tras de su muerte que se dice acaecida tras una payada de contrapunto en que lo venció el único que pudo tener el poder para hacerlo: el diablo, fue Santos Vega.

Santos vega, el payador,
aquél de la larga fama,
murió cantado a su amor
como el pájaro en la rama.

El poeta Rafael Obligado lo evoca incitando al paisanaje a luchar por la patria en la heroica gesta de la independencia, en la parte de su poema que titula *El himno del payador*. Veamos unos fragmentos:

Todos el alma pusieron
en los atentos oídos
porque los labios queridos
de Santos Vega cantaban
y en su guitarra zumbaban
estos vibrantes sonidos:
....

Los que tengan corazón,
los que el alma libre tengan,
los valientes, ésos vengan
a escuchar esta canción.
…………………………………
Hoy mi guitarra, en los llanos,
cuerda por cuerda, así vibre:
¡Hasta el chimango es más libre
en nuestra tierra, paisanos!
Mujeres, niños, ancianos,
el rancho aquel que primero
llenó con sólo un ¡te quiero!
La dulce prenda querida:
¡todo!... ¡el amor y la vida,
es de un monarca extranjero!
…………………………………
Ya Buenos Aires, que encierra
como las nubes el rayo,
el veinticinco de Mayo
clamó de súbito: "¡Guerra!"
¡Hijos del llano y la sierra,
pueblo argentino!, ¿qué haremos?
¿Menos valientes seremos
que los que libres se aclaman?
¡De Buenos Aires nos llaman,
a Buenos Aires volemos!

¡Ah! ¡Si es mi voz impotente
para arrojar con vosotros

nuestra lanza y nuestros potros
por el vasto continente;
si jamás independiente
veo el suelo en que he cantado,
no me entierren en sagrado
donde una cruz me recuerde:
entiérrenme en campo verde
donde me pise el ganado!"

Cuando cesó esta armonía
que los conmueve y asombra
era ya Vega una sombra
que allá en la noche se hundía.
"¡Patria!" a sus almas decía
el cielo, de astros cubierto.
"!Patria!", el sonoro concierto
de las lagunas de plata.
"!Patria!", la trémula mata
del pajonal del desierto.

Y a Buenos Aires volaron
y el himno audaz repitieron
cuando a Belgrano siguieron,
cuando con Güemes lucharon,
cuando por fin se lanzaron
tras el Andes colosal,
hasta aquel día inmortal
en que un grande americano
batió al sol ecuatoriano
nuestra enseña nacional.

Perdido su vagabundaje en libertad, cercados y alambrados los campos ya en poder de los que serán grandes terratenientes, el gaucho se degrada en peón de estancia, en paisano asalariado y sumiso a un patrón y nacen así, tras el último intento literario de hacer del gaucho un ejemplo de sabiduría popular en el *Don Segundo Sombra* de Ricardo Güiraldes, los paisanos de los cuentos y de las novelas de ambiente campero de Benito Lynch, la más recordada de las cuales *El inglés de los güesos* fue, como la obra cumbre de Güiraldes, llevada al cine.

En *Don Segundo Sombra,* que expresa en la dedicatoria de su autor: "Al gaucho que llevo en mí, como la custodia lleva la hostia", todavía se hace patente el culto al gaucho, pero es ya casi como su acta de defunción. De ahí una de las últimas frases del libro, cuando don Segundo se separa definitivamente de su ahijado, ante el dolor de éste:

"Por el camino que fingía un arroyo de tierra, caballo y jinete repecharon la loma, difundidos en el cardal. Un momento la silueta doble se perfiló nítida sobre el cielo, sesgado por un verdoso rayo de atardecer.

Aquello que se alejaba era más una idea que un hombre."

Ya los paisanos de Lynch son peones de estancia, elogiados por su arte en la doma o por la destreza y el gusto con que trenzan el cuero para hacer primores que embellezcan las faenas rurales. Así en *El potrillo roano*, se elogia el primor del aperito que hacen para el hijito del patrón:

"El domador de "La Estancia", hábil trenzador, le ha hecho un bozalito que es una maravilla, un verdadero y primoroso encaje de tientos rubios y poco a poco, los demás peones, ya por cariño a Mario o por emulación del otro, han ido confeccionando todas las demás prendas hasta completar un aperito que provoca la admiración de "todo el mundo". ¡Qué riendas, qué cabestro, qué rebenque, qué cojinillos, qué bastos, qué carona!... La encimerita no tiene un palmo de largo, y la cincha blanca, con argollas de bronce, ostenta las iniciales de Mario, bordadas en fino tiento."

Entretanto ha llegado la gran ola inmigratoria, y la pampa antes salvaje y ganadera se va convirtiendo en emporio agrícola mientras la Buenos Aires, capital del país, pintada por López como *La gran aldea* se ha convertido en una gran urbe de imagen europea, país y ciudad a los que loará con entusiasmo el gran poeta nicaragüense Rubén Darío en su *Canto a la Argentina*:

¡Argentina, región de la aurora!
¡Oh, tierra abierta al sediento
de libertad y de vida,
dinámica y creadora!
....
Te abriste como una granada,
como una ubre te henchiste,
como una espiga te erguiste

a toda raza congojada,
a toda humanidad triste,
a los errabundos y parias
que bajo nubes contrarias
van en busca del buen trabajo,
del buen comer, del buen dormir,
del techo para descansar
y ver a los niños reír,
bajo el cual se sueña y bajo
el cual se piensa morir.

"¡Éxodos! ¡Éxodos! Rebaños
de hombres, rebaños de gentes
que teméis los días huraño ,
que tenéis sed sin hallar fuentes
y hambre sin el pan deseado
y amáis la labor que germina,
los éxodos os han salvado:
¡hay en la tierra una Argentina!

Relean los argentinos ese largo poema que nos dedicó quien nos amó sinceramente, e imaginen aquel país del Centenario, pletórico de fuerza juvenil y de confianza en el porvenir.

La inmigración propiciada por la generación del ochenta, marcó una línea divisoria entre el antes y el después de la Argentina. Hubo bienes y males. Hubo encuentros y desencuentros entre las viejas culturas y la cultura nueva que reflejó con dolor en sus obras el dramaturgo uruguayo, nuestro hermano, Florencio Sánchez, en *Barranca abajo* y *M'hijo, el dotor*, y jocosamente, José S. Álvarez, "Fray Mocho", en sus cuadros de costumbres. Y el recuerdo del arribo de uno de esos grupos humanos de otra lengua y otras tradiciones, pero cuyos hijos la educación pública hizo argentinos y dio una provechosa carrera, se destaca en los sencillos y emotivos versos de *La invasión gringa* de José Pedroni.

Hoy nadie llegaría.
Pero ellos llegaron.
Sumaban mil doscientos.
Cruzaron el Salado.

Al cruzarlo, afanosos,
lo probaron.
Y los hombres dijeron:
–¡Amargo!–
Pero siguieron.

...Los barcos
(uno... dos...
tres... cuatro...)
ya volvían vacíos
camino del Atlántico.
Su carga estaba ahora
en un convoy de carros;
relumbre de guadañas,
desperezos de arados;

hachas, horquillas,
palos;
algún fusil alerta;
algún vaivén de brazos;
nacido en el camino,
algún niño llorando.

El trigo lo traían las mujeres
en el pelo dorado.
Hojas de viejos libros
volaban sobre el campo.

...Su lengua era difícil,
sus nombres eran raros.
Los gauchos se murieron
sin poder pronunciarlos.

Una mujer que escribe:
–Nos casamos.
La tierra es nuestra, ¡nuestra!
Todo lo que tocamos
va siendo nuestro:
el buey, el horno, el rancho...
Nuestros todos los árboles;
nuestro un único árbol
tan grande, tan coposo,
que da gusto mirarlo.
Es una nube verde
asentada en el campo.

Pero la inmigración tiene también otra faz: la de los que quedaron varados en las ciudades y, amontonados en los suburbios, ganando su vida en trabajos humildes o en simples changas, sufren con más hondura el dolor del exilio, aunque éste fuera voluntario, y su dolorosa nostalgia va a expresarse en la música y en la canción que nace en los burdeles donde los hombres, muchos de ellos desarraigados de su familia, van a buscar efímera alegría. Del conventillo y del burdel y de los personajes que ellos engendran en el suburbio: el compadrito y la milonguita, nace el tango, primero sólo canción y luego letras en que se expresan los dolores, las frustraciones, y hasta el rencor de los puestos al margen de la vida cómoda y a veces fastuosa de los privilegiados. Y hasta el lenguaje de esas letras, lengua híbrida del suburbio porteño, que es el lunfardo.

Y es también el tango la crónica popular en cuyos títulos y letras se ven reflejados todos los acontecimientos que conmocionan a la sociedad de la época. Y de entre sus muchos autores surge ese amargado gran poeta del tango que se llamó Enrique Santos Discépolo y que nos dejó documentos como el de *Cambalache* donde se refleja toda la vida de caos moral que fue nuestro siglo XX.

Siglo XX, cambalache
problemático y febril...
¡El que no llora no mama
y el que no afana es un gil!...
¡Dale nomás! ¡Dale que va!
¡Que allá en el horno nos vamo' a encontrar!

Es lo mismo el que labura
noche y día como un buey,
que el que vive de los otros,
que el que mata, que el que cura,
o está fuera de la ley!

DISCULPA

Esta breve síntesis, precisamente para lograr esa brevedad, ha dejado como olvidados en el sendero a muchos grandes nombres de nuestras letras que reflejaron también la historia y el paisaje argentinos. Por eso debe considerarse este escrito, más que una síntesis, una incitación a la búsqueda y relectura de tantas interesantes obras, algunas de subido valor, que nos acercan con valor literario a tan interesante tema.

Nuestra tierra

...y la devoción a la Virgen María

Nuestra Señora de Luján, Patrona de la Argentina

La Virgen de Luján, a la que popularmente suele llamarse la Lujanera, es la patrona de la República Argentina tal como se ha dispuesto eclesíasticamente, y como lo pregona el nombre inscripto en su corona. Y se señala que este patronazgo se extiende a Uruguay y a Paraguay, aunque estas naciones posean sus patronas propias.

La imagen que hoy se venera como Virgen de Luján, por su milagrosa resistencia a apartarse de la ribera del río del mismo nombre, representaba originalmente a la Inmaculada Concepción. Llegó a estas tierras desde Europa, por encargo de un emigrante portugués, quien deseaba colocarla en su capilla de la ciudad de Córdoba.

Se fija la época en los alrededores de 1630 y el lugar en una zona semidesierta de la pampa bonaerense, conocida como "estancia de Rosendo", a orillas del río Luján.

Cuentan que la carreta en la que era trasladada junto con otra imagen de la Madre de Dios, luego de haber cruzado el océano, pareció quedar atascada en la orilla fangosa del río, junto al vado "del árbol solo" y pese a los esfuerzos del carretero aguijando a los bueyes no era posible hacerla avanzar. Luego de varias pruebas quitando y volviendo a colocar la carga, se llegó a la conclusión de que el único obstáculo para que los bueyes lograran arrastrar el carromato estaba en un cajoncito que contenía las dos imágenes de la Virgen. Y

misma carreta que conducía a las imágenes y que se quedó en el lugar consagrado al culto y protección de la virgencita.

Ante la afluencia cada vez mayor de fieles que llegaban desde todo el vasto territorio argentino, se levantó en el lugar una basílica que hoy la alberga, en magnífico estilo neogótico, y que es una de las mayores de América.

Desde 1887, la estatuilla original se halla revestida por una capa de plata, para evitar su desintegración y sólo se ven de ella la cara y las manos, éstas últimas asomando por un hueco hecho en el centro de la blanca túnica con que se la ha ornado la cual junto con el manto celeste, ambos ricamente bordados y enjoyados, lucen los colores de la Inmaculada Concepción que son también los colores propios de la bandera argentina. Se la colocó sobre una base o peana de bronce y posada en una luna creciente que ostenta en su centro el escudo del país y sobre su cabeza luce una corona de doce estrellas. Lleva además a su espalda una especie de aura de trece rayos dorados y enjoyados y unidos en una especie de marco de forma ovoide en todo lo cual se puede ver un claro simbolismo lunar. Luce además una gran corona imperial que le fue impuesta por gracia del papa León XIII, forjada en oro y ornada con piedras preciosas.

El 8 de mayo de cada año, la basílica de la Virgen de Luján recibe una impresionante peregrinación de fieles que colman la ciudad en que hoy se ha convertido lo que era la humilde villa de Luján, pero todos los domingos del año la afluencia de devotos es también impresionante.

Nuestra Señora de Luján, Patrona de la República Argentina, es también considerada Protectora del Camino.

Índice